MOMS

Mijn visie op een gezonde en fitte zwangerschap

Radmilo Soda

SODA®
BODYFIT

THINK
HEALTHY

©2016 Radmilo Soda
www.sodabodyfit.nl

Concept, samenstelling en art direction
Radmilo Soda

Tekst
Marieke Wildeman

Fotografie
Guus Schoth, Rinze Vegelien en Ester Gebuis

Fotomodel
Elske Sorel

Ontwerp en grafische vormgeving
Paola Pompili

Omslag en illustraties
Evelin Bundur

Styling recepten
Regina Mol

Redactie
Sophie Dassen

Eindredactie
Anna Penta

Tekst receptuur
Joyce Huisman

Lithografie en drukwerk
Wilco Art Books

Voor dit boek mochten wij gebruik
maken van het prachtige keramiek van de volgende ontwerpers:
*Lies van Huet, Kirstie van Noort, Lotte Douwes,
Elke van den Berg, Lotte de Raadt en Roland Pieter Smit*

Uitgeverij Soda Bodyfit BV
www.sodabodyfit.nl
moms@sodabodyfit.nl
ISBN 978 90 825 2620 2

INHOUD

VOORWOORD

Met de uitgave van mijn eerste boek *Echt Radmilo*, in november 2014, ben ik begonnen aan een reis die ik Think Healthy heb gedoopt. Think Healthy is een informatief sport-, voedings- en lifestyleprogramma in boekvorm dat ik in de komende jaren wil uitgeven. Als trainer en coach wil ik al heel lang een breder publiek bereiken en overbrengen hoe ik denk over bepaalde aspecten van sport, trainen, voeding en gezond leven. Hoe ik omga met dingen die ik meemaak in mijn dagelijks leven als trainer. Een boek schrijven was voor mij de enige manier om dit te kunnen doen en ik ben heel blij dat ik het heb gedaan. Mijn eerste boek is een succes geweest! De eerste etappe van de reis is daarmee afgelegd en stoppen is geen optie meer.

Ik ben heel trots om te kunnen aankondigen dat met *MOMS* de tweede etappe van mijn Think Healthy-reis is afgelegd. *MOMS* is een boek voor vrouwen die zwanger willen worden, zwanger zijn of net moeder zijn geworden. Een boek over zwangerschap en over wat het betekent om als vrouw de overgang naar moeder te maken. Geschreven door een man! Als vader van drie kinderen heb ik het geluk gehad om een van de mooiste menselijke wonderen van dichtbij te ervaren. Nu ben ik ontzettend blij om vanuit mijn visie als trainer alle vrouwen te kunnen helpen om zoveel mogelijk van hun zwangerschap en vervolgens van hun moederschap te genieten in een lichaam dat fit, gezond en prachtig voelt.

MOMS is een boek voor alle vrouwen, maar ook alle mannen. Een boek voor iedereen.

Veel leesplezier!

Radmilo Soda

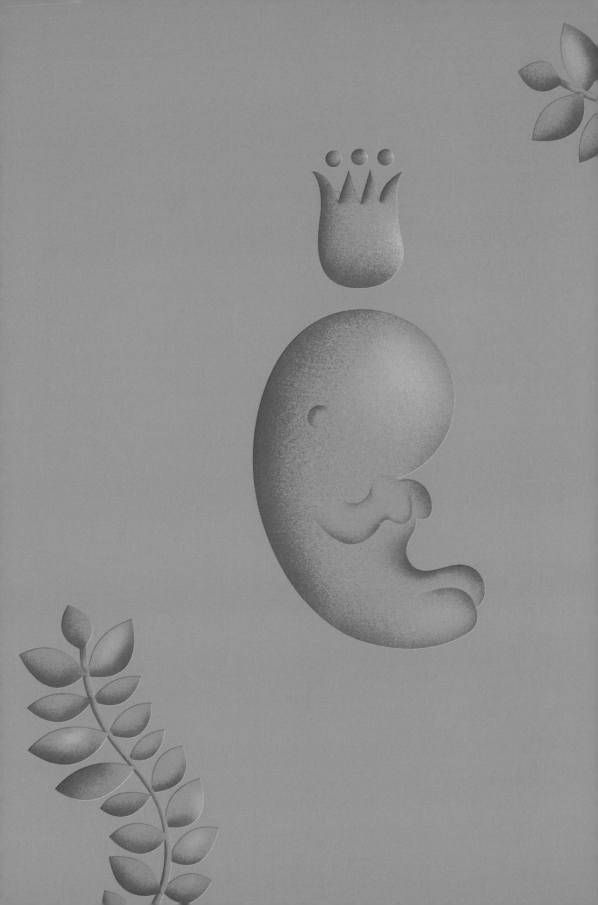

DEEL 1

VAN VROUW NAAR MOEDER

Een zwangerschap is een van de meest bijzondere ervaringen van je leven.

In dit deel leggen wij je alles uit over de verschillende fasen van de zwangerschap en wat deze fysiek en mentaal inhouden.

Daarnaast vind je heel veel nuttige informatie en leuke tips die je helpen om zoveel mogelijk te genieten van deze bijzondere tijd. Bovendien leer je hoe je zo goed mogelijk voor je kindje en voor jezelf zorgt.

ENERGIE

ALTIJD EN OVERAL

Zwanger worden, zwanger zijn, bevallen en weer herstellen, het kost allemaal enorm veel energie. De ene vrouw brengt dit moeiteloos op en krijgt zelfs meer energie van het hele proces, de andere voelt zich leeggezogen. Dit hoofdstuk heeft als doel jou inzicht geven in hoe je energiehuishouding werkt tijdens de zwangerschap, maar ook daarbuiten. Je ziet welke factoren invloed hebben op je hoeveelheid energie en hoe jij deze factoren zelf kunt beïnvloeden. Met deze kennis haal jij het optimale uit deze bijzondere periode voor je baby en jezelf!

Je energiecirkel wordt beïnvloed door veel factoren die elkaar ondersteunen en je lichaam in balans houden.

In Radmilo's eerste boek *Echt Radmilo* beschrijft hij zijn visie op onze energiehuishouding en algehele gezondheid; je ziet hier een weergave daarvan die is toegespitst op de zwangerschap. Een gezond lichaam krijg je namelijk niet door simpelweg voedsel te eten, te verteren en te verbranden. Daar komen veel andere factoren bij aan te pas. Als een vrouw bijvoorbeeld weinig eet en een te laag gewicht heeft, verstoort dit haar hormoonhuishouding en zal zij minder vruchtbaar zijn. Iemand die structureel te veel eet, zal waarschijnlijk weinig zin hebben om te sporten, haar stofwisseling verstoren en wellicht suikerziekte ontwikkelen. Zo wordt het gehele immuunsysteem verzwakt. Je ziet dus hoe verschillende factoren elkaar beïnvloeden en elkaar – in een gezond lichaam – in

evenwicht houden. Alle factoren vormen samen je energiecirkel.

DE ENERGIECIRKEL

In de illustratie op de volgende pagina zie je hoe je energiecirkel is opgebouwd. De buitenste ring wordt gevormd door de acht factoren die je lichaam en geest continu beïnvloeden. Je lichaam en geest worden samengevat in de cel, waarbinnen alle innerlijke invloeden op je gezondheid zijn afgebeeld. Daarmee staat deze cel symbool voor jouw gezondheid. De externe factoren en de innerlijke invloeden vormen samen een geheel. Als één factor uit balans is, heeft dat invloed op het geheel en dus op jouw totale hoeveelheid energie.
Een belangrijke factor is natuurlijk **voeding**; pure voedingsmiddelen zonder veel toevoegingen, zoals geur-,

kleur- en smaakstoffen, zout en suiker, geven je energie. Het is goed om je
eten af te stemmen op je lichaamsty-
pe en op je activiteiten. Zo is een bord
pasta heel geschikt voor iemand die
een uur later gaat sporten, maar geeft
het iemand die een avond voor de tv
zit een vol en loom gevoel. Een teveel
aan calorieën resulteert op de lange
termijn in overgewicht. Dat vergroot
de kans op diabetes en kan leiden tot
verminderde vruchtbaarheid. Tijdens
de zwangerschap is het essentieel
voor de gezondheid van moeder en
kind dat de voeding de juiste hoeveelheden koolhydraten, eiwitten, mineralen, vetten en vitaminen bevat.

Zodra je iets hebt gegeten, gaat je **spijsvertering** aan de slag. In feite is het
kauwen en doorslikken van voedsel
de eerste fase van onze spijsvertering.
Daarna zorgen de slokdarm en maag
ervoor dat het voedsel verkleind wordt,
zodat de dunne en dikke darm de benodigde bouwstoffen kunnen opnemen en
transporteren naar ons bloed. Tijdens de
zwangerschap gaat je spijsvertering wat
trager dan anders, en dat is slechts één
voorbeeld van alle veranderingen die
veroorzaakt worden door de fors verhoogde hormoonactiviteit gedurende je
zwangerschap.

De processen van zwanger worden en
het uitgroeien van een bevrucht eitje

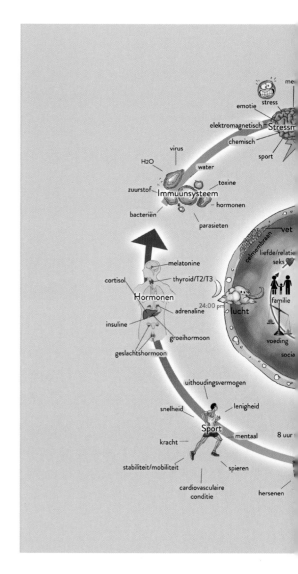

tot een mens zijn alleen mogelijk dankzij een goede werking van onze **hormonen**. Ook buiten de zwangerschap
worden alle processen in ons lichaam,
van stofwisseling tot humeur, gestuurd
door al die verschillende chemische
stoffen die samen hormonen heten.
Een hormonale onbalans door bijvoorbeeld stress of te weinig slaap kan grote
gezondheidsproblemen als gevolg hebben. Stress lijkt ook onze vruchtbaar-

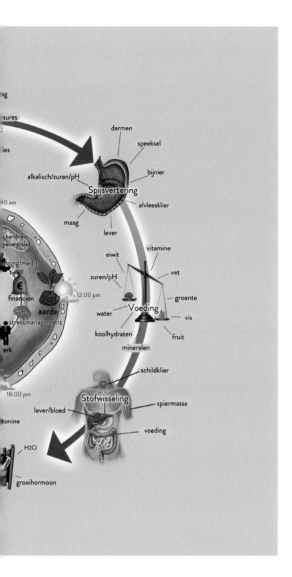

voor een goed humeur. Verder is er steeds meer wetenschappelijk bewijs voor het goede effect van sporten op je algemene gezondheid: sporters zijn minder vaak ziek, ouderen die bewegen vallen minder vaak en elke dag bewegen vertraagt het dementie-proces. Gelukkig zijn er steeds meer zwangeren die blijven bewegen tij-dens de zwangerschap. Matig inten-sief en regelmatig sporten is gunstig voor een zwangere vrouw én er zijn aanwijzingen dat de baby beter groeit en de placenta langer en beter functi-oneert. Te intensief of langdurig spor-ten tijdens de zwangerschap is echter een vorm van stress voor de baby die je moet vermijden.

Stress komt in vele vormen: targets die gehaald moeten worden op het werk of zorgen over de gezondheid van een dierbare. Langdurige stress, of die nu fysiek of mentaal is, veroorzaakt al-lerlei gezondheidsklachten – denk aan hoofdpijn – en overgewicht. Dat heeft te maken met de grote hoeveelheden adrenaline en cortisol die het lichaam aanmaakt naar aanleiding van stress. Deze hormonen zorgen ervoor dat je alert reageert op wat er gebeurt, maar zetten daarvoor veel andere lichaams-processen op een lager pitje. Mensen die gestrest zijn, eten vaak gehaast en ongezond, slapen slecht en verzwak-ken zo hun immuunsysteem.

heid te beïnvloeden: zwangerschappen ontstaan vaak tijdens vakanties zodra stellen zich ontspannen.

Beweging en **sport** vormen samen een belangrijk onderdeel van de cir-kel. Door goed en regelmatig te be-wegen, bevorder je de spijsvertering en verbrand je calorieën. Tijdens het sporten maakt je lichaam bovendien endorfine aan, een hormoon dat zorgt

Als je spijsvertering goed werkt en je lichaam alle voedingsstoffen goed kan opnemen, heeft dat een positief effect op je **immuunsysteem**. Je algehele weerstand wordt beter, waardoor je minder snel ziek wordt en sneller herstelt. Bij een gezonde zwangerschap gebeurt er iets bijzonders met je afweer: 50% van de baby is immers 'lichaamsvreemd materiaal', maar dat wordt toch niet afgestoten. Het is wellicht om deze reden dat veel zwangeren een verminderde weerstand ervaren; vaker ziek zijn en een langere herstelperiode zijn veelgehoorde klachten. Toch heeft zelfs dat een positieve kant: de antistoffen die je aanmaakt, worden via de placenta doorgegeven aan je baby, waardoor deze ook afweer opbouwt.

De **stofwisseling** vindt plaats na de spijsvertering. De voedingsstoffen die ontstaan zijn door de spijsvertering worden door onze stofwisseling omgezet in andere bruikbare stoffen. Eiwitten worden bijvoorbeeld omgezet in aminozuren, de bouwstenen voor allerlei lichaamscellen. Voor een goede stofwisseling is een groot aantal hulpstoffen nodig, met name enzymen, hormonen, vitaminen en zuurstof. Naarmate de zwangerschap vordert, wordt de stofwisseling steeds sneller. Voor een gedeelte is dat om te zorgen voor genoeg bouwstenen voor de groei van de baby, en voor een gedeelte om alle nieuwe weefsels – placenta, groeiende baarmoeder, extra bloed en vetweefsel – te voorzien van de nodige voeding.

Ten slotte is er nog de factor **herstel**. Herstel is essentieel voor je lichaam om goed te functioneren. Goed en lang genoeg slapen, gezond eten en goed drinken geven je lichaam de kans om cellen te vernieuwen en je immuunsysteem sterk te houden. De behoefte aan slaap en hoe goed je slaapt worden mede bepaald door een goede werking van je hormonen, je hoeveelheid stress en of je voldoende hebt bewogen die dag. Niet alleen slaap zorgt voor herstel; ook ontspanning in de vorm van een boek lezen, een saunabezoek, een massage of meditatie brengt rust, zodat je lichaam de kans krijgt om te herstellen.

DE KERN VAN DE CIRKEL

Voornoemde acht factoren zijn constant betrokken bij het hele proces van energie krijgen en behouden. Ze beïnvloeden niet alleen elkaar, maar zijn ook samen verantwoordelijk voor je algehele gezondheid. Die wordt in de illustratie in het midden weergegeven als een gezonde lichaamscel. Elke cel in ons lichaam heeft onder andere een celkern (waarin ons erfelijk materiaal ligt opgeslagen), een beschermende celwand (die uit vetten en eiwitten bestaat) en mitochondrien, de energieleveranciers van de cel. Cellen vormen de kern van je energie en dus van je leven. Je ziet in die cel de belangrijkste zaken van je leven: hoe is de relatie met je familie en verloopt je liefdesleven naar wens? Eet je gezond en sport je regelmatig? Heb je een fijne baan en zie je mogelijkheden om jezelf te ontwikkelen? Hoe ga je om met stressvolle gebeurtenissen en neem je de tijd om te ontspannen? En niet te vergeten: lopen je financiën op rolletjes of heb je zorgen op dat gebied? Dit zijn stuk voor stuk zaken die in hoge mate bepalen of jij je goed voelt of juist uit balans bent.

Om de kern heen staan de vier elementen water, vuur, aarde en lucht. Zij vormen de basis van ons bestaan. Om te beginnen de **aarde**: de bron van al onze voeding en de plek waar wij als mensen bestaan. De voedingsstoffen die zo belangrijk zijn voor onze energievoorziening en herstel, zoals koolhydraten, vitaminen, eiwitten en mineralen, zijn allemaal afkomstig van de aarde. Verder hebben we **lucht** nodig voor de zuurstof die essentieel is voor onszelf, maar ook voor de gewassen en dieren die wij als voeding gebruiken. Zuurstof wordt in ons lichaam getransporteerd door hemoglobine dat in ons bloed zit. Bij een goede conditie en gezonde voeding wordt er hemoglobine aangemaakt, waarna cellen voldoende zuurstof krijgen aangevoerd om goed te functioneren. Zuurstof wordt gebruikt voor de verbrandingsprocessen in cellen, waarbij energie vrijkomt. Bij weinig zuurstof in de lucht, zoals in berglucht, maken wij meer hemoglobine aan om toch voldoende zuurstof te krijgen.

Het derde element is **vuur**. Vuur geeft ons in de vorm van de zon warmte en zorgt ervoor dat ons lichaam goed blijft functioneren. Wij hebben warmte nodig voor een goede doorbloeding, zodat er bouwstoffen worden aange-

voerd en afvalstoffen worden afgevoerd. Bovendien staat vuur symbool voor je kracht en je passies, de drijfveren die je hebt. Maar te veel vuur is gevaarlijk en moet geblust worden met water, het vierde element. Denk bijvoorbeeld aan ontstekingen en koorts die uitdroging kunnen veroorzaken. **Water** is absoluut noodzakelijk voor een mens: wij bestaan voor een groot deel uit water en kunnen zonder vocht niet overleven. Twee derde van al het water in ons lichaam zit in cellen en houdt deze mooi stevig. Ook is water een belangrijk bestanddeel van bloed: het helpt bouwstoffen naar bijvoorbeeld je lever te brengen en afvalstoffen via de lever en nieren af te voeren. Ook in de natuur is water onontbeerlijk, bijvoorbeeld als leefomgeving van vissen, reptielen, schaal- en schelpdieren en planten.

Dit zijn alle factoren die je terugvindt in de energiecirkel. Als er aan één factor te veel of te weinig aandacht wordt besteed, heeft dat invloed op de andere factoren en kom je moeilijk in balans. Zo kun je heel gezond eten en fanatiek sporten, maar je toch niet zo goed voelen doordat je te weinig tijd neemt om te herstellen of ongelukkig bent in de liefde. Alle factoren moeten dus in evenwicht zijn om je voldoende energie te geven, en zo je gezondheid en algehele welzijn te bevorderen.

VOEDING

GEZONDE VOEDING
IN TIEN VRAGEN

*Goede voeding staat aan de basis van een goede gezondheid. Bovendien is een
lekkere maaltijd leuk om te maken en een genot om te delen met vrienden en familie.
Meer en meer ontdekken we wat gezond is en wat niet. Hoe is het bij jou gesteld,
let jij op je vitaminen en mineralen? Krijg je voldoende koolhydraten binnen
en drink je genoeg? Weet jij waar je lichaam behoefte aan heeft en wanneer?
En wat is het belangrijkste nu je zwanger bent?*

WELKE VOEDINGSSTOFFEN HEEFT ONS LICHAAM NODIG?

Eens in de zoveel tijd komt er een foodhype die iets heel nieuws lijkt te introduceren. Er is echter al ontzettend veel onderzoek gedaan naar wat nu echt gezonde voeding is en in werkelijkheid is er weinig nieuws. Voedingswetenschappers zijn het er al jaren over eens welke voedingsstoffen een mens nodig heeft om goed te functioneren. Hieronder zie je welke dat zijn:

Koolhydraten

Koolhydraten worden ook wel suikers of sachariden genoemd. Zij zijn de voornaamste energieleverancier en vooral belangrijk voor je hersenen en rode bloedcellen. Aanbevolen wordt om 40 tot 70% van je dagelijkse calorieën uit koolhydraten te halen. Gebruik je meer koolhydraten dan je lichaam nodig heeft, dan worden ze opgeslagen als vet. Koolhydraten worden vaak ingedeeld in twee categorieën: snelle en langzame. Dit zegt iets over hoe snel ze in je lichaam worden omgezet in glucose en zo je bloedsuikerspiegel verhogen. Een snelle verhoging van je suikerspiegel geeft een goed gevoel en energie. Daarna daalt je bloedsuikerspiegel snel en krijg je zin in eten. Vrijwel alle soorten fastfood, alles waar suiker in zit, mais, witbrood, witte rijst en gewone pasta behoren tot de snelle koolhydraten.

Deze veroorzaken dus een suikerspiegel met pieken en dalen. Bij de langzame koolhydraten duurt de omzetting in glucose langer, waardoor je bloedsuikerspiegel minder snel stijgt en langer op hetzelfde niveau blijft. Dit uit zich in een constant energieniveau en een langer gevoel van verzadiging. Volkorenbrood en volkorenpasta, fruit, noten, quinoa, zoete aardappelen, zilvervliesrijst en peulvruchten zijn voorbeelden van langzame koolhydraten. Deze voedingsmiddelen hebben daarbij als voordeel dat ze je andere fantastische stoffen geven, zoals vezels (goed voor je darmen), ijzer, vitaminen en mineralen.

Eiwitten

Eiwit – of proteïne – vervult twee belangrijke functies in ons lichaam: als bouwstof en als leverancier van calorieën. Gemiddeld 12 kilo van ons lichaam bestaat uit eiwit. Het wordt in de lever omgezet in aminozuren, de bouwstenen voor het eiwit in al je lichaamscellen. Sommige aminozuren, de niet-essentiële, kan het lichaam zelf maken. Andere moeten uit je eten komen, dit zijn de essentiële aminozuren.

Eiwit is dus een belangrijke stof voor het herstel van al je lichaamscellen: van spieren tot organen, zoals je hart, huid en darmen. Tijdens de zwangerschap is het bovendien een onmisbare bouwstof voor nieuwe cellen van je baby en de placenta. Zwangeren heb-

de veelgeroemde omega 3-vetzuren, die in vette vis, lijnzaad en walnoten voorkomen. Zij zijn belangrijk voor een optimale ontwikkeling van de hersenen en ogen van een baby. Vetten functioneren als bouwstof én brandstof voor onze cellen en transporteren de vitamine K, A, D en E. Bovendien heeft een mens een klein laagje vet nodig om warm te blijven.

Vetten zijn in te delen in onverzadigd en verzadigd vet. Veel voedingsmiddelen bevatten een combinatie van die twee. Onverzadigd vet verlaagt het LDL-cholesterol in ons bloed, terwijl verzadigd vet het juist verhoogt. Een hoog LDL-cholesterolgehalte geeft een grotere kans op hart- en vaataandoeningen, zoals een hartinfarct of hersenbloeding. Transvet is een aparte categorie: het is officieel onverzadigd vet, maar heeft dezelfde slechte effecten op het LDL-cholesterol als verzadigd vet. Daarom wordt geadviseerd om zoveel mogelijk verzadigd vet te vervangen door onverzadigd. Koekjes en gebak, chips, roomboter en hard frituurvet, fastfood en croissants zijn voorbeelden van eten met veel verzadigd vet en transvet. Allerlei soorten olie (olijfolie, zonnebloemolie), margarine, vis, noten, eieren en avocado zijn bronnen van onverzadigd vet.

Vitaminen en mineralen

Vitaminen en mineralen komen weliswaar in kleine hoeveelheden in voeding voor, maar zijn essentieel voor

ben daarom iets meer eiwitten nodig dan de gemiddelde 0,8 gram per kilo lichaamsgewicht. Je hoeft dat niet precies uit te rekenen. Kies bewust voor eiwitrijke voeding en volg je eetlust, zo zorg je ervoor dat je voldoende binnenkrijgt.

Vetten

Vet associëren we vaak met ongezond. Onterecht, want veel vetten hebben we echt nodig. Ze leveren ons vitamine A, D en E. En denk eens aan

alle processen in ons lichaam en voor een goede aanleg en groei van je baby. Bijna alle dertien bestaande vitaminen moet je uit voeding halen, het lichaam kan de meeste namelijk niet zelf aanmaken. Vitamine C en alle B-vitamine zijn wateroplosbaar, een teveel eraan scheidt je lichaam uit via urine. De vetoplosbare vitamine K, A, D en E kan het lichaam opslaan. Vitaminen en mineralen kunnen elkaars werking beïnvloeden: zo bevordert vitamine C de opname van ijzer uit voeding en heb je vitamine D nodig om calcium op te nemen.

Mineralen komen uit de natuur, bijvoorbeeld uit de zee en gesteenten. Dieren en planten nemen deze op en zo komen ze in onze voeding terecht. Zoutwatervissen en zeewier zijn bijvoorbeeld rijk aan jodium. Om zoveel mogelijk vitaminen en mineralen te behouden, is het verstandig om groente kort te koken in zo weinig mogelijk vocht. Bij het stomen of wokken van groente blijven nog iets meer vitaminen bewaard dan bij koken.

Vocht

Het kan niet genoeg benadrukt worden: vocht is ongelooflijk belangrijk voor het goed functioneren van je lichaam. Wij bestaan voor ongeveer 65% uit vocht, baby's zelfs voor 75%. Vocht zorgt voor transport van voedingsstoffen en afvalstoffen, helpt je lichaamstemperatuur op peil te houden en is belangrijk voor de opname van voedingsstoffen in de darmen. Wij kunnen dus geen dag zonder wa-

ter. Ongeveer 70% van het vocht dat we nodig hebben moeten we drinken, de rest komt uit ons voedsel. Hoeveel vocht je precies nodig hebt, verschilt per persoon en is afhankelijk van diverse omstandigheden. Heb je het warm of transpireer je veel, dan verlies je veel vocht. Zit je stil in een koele omgeving, dan verbruik je minder vocht. Zwangeren hebben iets meer vocht nodig dan de gemiddelde mens. In de eerste helft van de zwangerschap wordt namelijk 1,5 liter bloed extra aangemaakt en de stofwisseling gaat omhoog. Hiervoor is extra vocht nodig. Een goede richtlijn voor

zwangere vrouwen is 2 liter drinken per dag en 2,5 liter als je borstvoeding geeft. Drink dan het liefst veel water.

WELKE VOEDINGSSTOFFEN HEB JE NODIG TIJDENS DE ZWANGERSCHAP?

Een zwangere vrouw heeft in principe hetzelfde nodig als een niet-zwangere. Alleen foliumzuur en vitamine D krijgen de meeste zwangeren niet voldoende via voedsel en zonlicht binnen. Vandaar het advies om vóór de zwangerschap te starten met dagelijks 400 mcg foliumzuur en dit te nemen tot de 10e week. Slik bovendien tijdens de zwangerschap elke dag 10 mcg vitamine D (zie ook het hoofdstuk Zwanger worden).

Een baby heeft voor zijn groei en ontwikkeling veel ijzer nodig en dat ijzer is afkomstig van de voorraad in jouw lichaam. Het is dus goed om die voorraad op peil te houden. In rund- en lamsvlees zit veel ijzer. Net als in broccoli, volkorenproducten en peulvruchten als linzen en bruine bonen. Jodium verdient speciale aandacht: dit mineraal is belangrijk voor de aanmaak van schildklierhormonen en wordt doorgegeven aan de baby. Die hormonen zorgen voor groei, ontwikkeling van het zenuwstelsel en een goed werkende stofwisseling. Kinderen die te weinig jodium binnenkrijgen, kunnen een groeiachterstand en leerproblemen krijgen. Omdat de Nederlandse bodem jodiumarm is, wordt er aan ons keukenzout en aan bakkerszout extra jodium toegevoegd. Brood is dus een belangrijke bron van jodium, maar ook (zoutwater)vis, zeewier, eieren, melk en kaas bevatten jodium.

WAAR ZITTEN DIE GOEDE VOEDINGSSTOFFEN IN?

Groente en fruit

Groente en fruit bevatten een scala aan vitaminen, vezels en mineralen. Vooral groente levert veel van deze gezonde stoffen met weinig calorieën. Ook fruit is lekker en gezond, maar bevat wel veel fruitsuiker. Eet daarom twee stuks fruit per dag en drink zo min mogelijk fruitsappen. Van groente mag je wel 300 tot 500 gram per dag eten. Probeer eens een van die heerlijke groentesmoothies die je bij de recepten in dit boek vindt! Als je varieert met veel soorten groente en fruit kom je aan al die verschillende voedingsstoffen. Biologisch geteelde groente en fruit bieden meer voedingsstoffen. Deze hebben dus de voorkeur, gevolgd door diepvriesgroente. Gebruik liever geen groente uit pot of blik, vanwege toevoegingen als suiker, zout en chemicaliën (zie ook het hoofdstuk Zwanger worden), maar juist wel gedroogde peulvruchten. Koop groente en fruit ongesneden en zo vers mogelijk, dan bewaar je de vitaminen.

Granen

Volkorengranen leveren enorm veel gezonds: koolhydraten, vezels, vitamine B en E, en mineralen. Tarwe,

*Bewegen en goed eten gaan
hand in hand*

mais, muesli, havermout, rijst, teff en quinoa zijn allemaal (pseudo-)granensoorten. Het is verstandig om een variatie aan granen te eten, dus probeer ook eens spelt-, rogge- en zuurdesembrood. Ook van couscous en pasta zijn volkorenvarianten te koop. Zelfs mensen met een glutenallergie kunnen granen eten. Boekweit, mais, haver en quinoa zijn voorbeelden van glutenvrije granen.

Noten en zaden

Deze bevatten veel eiwitten, waardoor ze goed zijn voor je spieropbouw en energie. Ook zijn ze een belangrijke bron van goede onverzadigde vetten (bijv. omega 3 in walnoten), vitamine E en B, en mineralen als zink en selenium. Noten kunnen in een maaltijd heel goed vlees vervangen, maar ook als tussendoortje of in salades en yoghurt zijn ze heerlijk. Noten bevatten wel veel calorieën, dus beperk jezelf tot een handje per dag als je op je gewicht moet letten. Koop noten en zaden het liefst ongebrand en ongezouten.

Vlees

Kleine hoeveelheden vlees leveren al relatief veel voedingsstoffen. Biologisch, onbewerkt vlees heeft de voorkeur. Rood vlees (rund, varken, schaap en geit) is rijk aan eiwitten, B-vitamine en ijzer. Gevogelte (kip, kalkoen) is eiwitrijk en lichter verteerbaar dan rood vlees. Wild, zoals konijn, hert, fazant en eend, is vetarm en bevat omega 3. Eet per week maximaal twee keer (doorbakken) rood vlees en twee keer gevogelte of wild. Voeg zelf kruiden en zout toe en gebruik geen kant-en-klare marinades.

Vis

Dit is een fantastische bron van omega 3-vetzuren, vooral vette vissoorten als zalm, makreel, haring, paling en sardine. Het is nog niet duidelijk of visoliecapsules innemen gedurende de zwangerschap hetzelfde effect heeft als vis eten. Idealiter eet je twee keer in de week verse, het liefst wilde vis, waarvan één keer vette vis. Gekweekte vis bevat vaak minder jodium en meer antibiotica dan wilde vis. Verder bevatten grote roofvissen relatief veel kwik. Beperk daarom het eten van zwaardvis, snoekbaars, haai, koningsmakreel en verse tonijn. Tonijn uit blik heeft dit nadeel overigens niet, want hiervoor worden jongere vissen gebruikt.

Eieren

Deze zitten vol met belangrijke voedingsstoffen als vitamine A, B12, D, ijzer, omega 3 en selenium. Bovendien zijn ze rijk aan eiwitten, waardoor ze lang een verzadigd gevoel geven. Eet drie tot zes (bij voorkeur biologische) eieren per week en vermijd rauwe eieren – bijvoorbeeld in zelfgemaakte mayonaise en tiramisu – in verband met de salmonellabacterie.

Kruiden en specerijen

Specerijen en gedroogde en verse kruiden zijn ideaal om veel smaak te geven zonder veel zout te gebruiken. Daarnaast zijn kruiden en specerijen heel gezond. Oregano, basilicum en peterselie zijn bijvoorbeeld rijk aan antioxidanten. Was verse kruiden altijd voor gebruik. Specerijenmixen in zakjes, zoals voor het aanmaken van gehakt of voor taco's, bevatten vaak veel zout.

MOET JE TIJDENS DE ZWANGERSCHAP ETEN VOOR TWEE?

Nee, als je dat doet zou je zeker te zwaar worden. Je hebt maar een kleine hoeveelheid extra calorieën nodig. Als je je hongergevoel volgt, kom je aan voldoende calorieën. Heb je vaak trek, probeer dan tijdens de maaltijden dingen te eten die je lang verzadigen, zoals peulvruchten, kwark en eieren. Als je dat aanvult met gezonde tussendoortjes als rauwkost, fruit of een handje noten, dan heb je al snel een heel gezond voedingspatroon met alle stoffen die je baby en jij zo hard nodig hebben. Vind je het moeilijk om voldoende te eten? Juist dan is het heel belangrijk dat je eten van goede kwaliteit is en dat je weinig snackt. Vaker op de dag kleine hoeveelheden eten helpt ook.

WAAROM IS VARIATIE IN VOEDING ZO BELANGRIJK?

Niet elk voedingsmiddel bevat alle voedingsstoffen die je nodig hebt. Het is daardoor onmogelijk om bij een normale hoeveelheid eten iedere dag alle benodigde voedingsstoffen binnen te krijgen. Ons lichaam is

hierop berekend en kan diverse vitaminen en mineralen opslaan.

Als je veel verschillende soorten groente, fruit, noten en granen eet en varieert met vlees, vis en ei, kom je in een periode van één of twee weken aan al die benodigde nutriënten. Dit is extra belangrijk tijdens de zwangerschap; uit onderzoeken wordt namelijk steeds vaker duidelijk dat het voedingspatroon van de moeder de ontwikkeling van bijvoorbeeld de hersenen en nieren van haar baby beïnvloedt.

MOET IK TIJDENS DE ZWANGERSCHAP MELK DRINKEN?

Met de aanbevolen dagelijkse hoeveelheid van 450 ml melk krijg je belangrijke porties eiwit, calcium, vitamine B2 en B12 binnen. Als je geen melk drinkt, is het dus zaak om deze voedingsstoffen uit ander voedsel te halen. Dat gaat het gemakkelijkst met andere zuivelproducten, zoals karnemelk, geitenmelk, yoghurt en kwark. Als je helemaal geen zuivel gebruikt, zijn er alternatieven in de vorm van chiazaad, sojadrink of rijstmelk die verrijkt zijn met vitamine B12 en calcium. Vraag eventueel de hulp van een diëtiste om een uitgebalanceerd dieet samen te stellen.

MAG IK ALS ZWANGERE ALLES ETEN EN DRINKEN?

Er doen nogal wat verhalen de ronde over alle dingen die je niet zou mogen

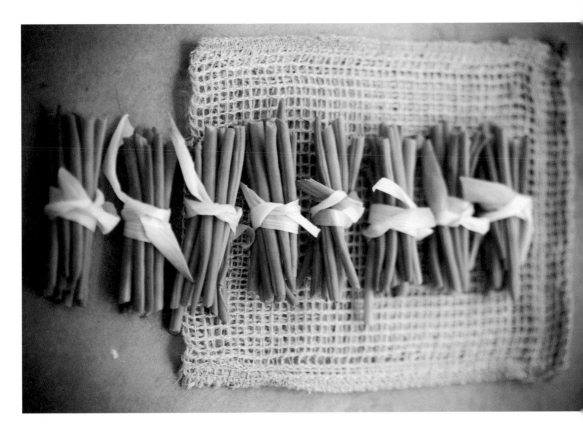

eten en drinken tijdens de zwanger-schap. Dat valt allemaal reuze mee; er zijn veel meer voedingsmiddelen die je wél mag dan niet. Er zijn enkele dingen waar je op moet letten:

- Orgaanvlees als lever en vitami-nesupplementen voor niet-zwan-geren. Deze bevatten grote con-centraties vitamine A. Zwangeren kunnen van deze vitamine een te-veel binnenkrijgen, wat bij de baby de kans op aangeboren afwijkin-gen verhoogt. Leverworst en paté mogen met mate; zo kan één boter-ham per dag geen kwaad. Fruit en groente bevatten provitamine A;

hiervan kun je niet te veel binnen-krijgen, dus blijf die vooral eten!
- Rauw vlees, de ontlasting van (jonge) poezen en tuinaarde. Hier kan namelijk de toxoplasma-para-siet in voorkomen. Veel Nederlan-ders hebben de infectie die wordt veroorzaakt door deze parasiet, toxoplasmose, al eens gehad en hebben daardoor antistoffen aan-gemaakt. Als een zwangere echter voor het eerst toxoplasmose krijgt, bestaat er een kans dat de baby geïnfecteerd raakt en afwijkin-gen aan hersenen of ogen krijgt. Vandaar het advies om zolang je zwanger bent filet americain, ossenworst, rode biefstuk, tar-

Voedingsstof	Functie	Vervangende producten
Eiwit	Bouw lichaamscellen, herstel (spier)cellen	Eieren, melk(producten), tofu, vis, graan(producten), peulvruchten, noten
IJzer	Transport van zuurstof in bloed, stofwisseling	Volkorenproducten, ontbijtgranen, noten, broccoli, sperziebonen, spinazie, chiazaad, sojaproducten (tempeh, tofu), peulvruchten
Vitamine B12	Aanmaak rode bloedlichaampjes, goede werking zenuwstelsel	Eieren, melk(producten), vleesvervangers met toegevoegde vitamine B12
Vitamine B1	Verbranding koolhydraten, goede werking hart en zenuwstelsel	Brood, andere graanproducten, noten, sojaproducten, melk(producten)

Voedingsstoffen in vlees en hun alternatieven

taar, carpaccio en rosbief te laten staan. Ook is het verstandig om handschoenen te gebruiken als je de kattenbak verschoont of in de tuin werkt en alle groente en fruit goed te wassen vóór gebruik.

- Rauwe vis, vacuümverpakte vis, rauwe (ongepasteuriseerde) melk en zachte kaasjes gemaakt van rauwe melk (in het Frans: 'au lait cru'). Op allerlei rauwe etenswaren, maar ook op je vaatdoekje en in de koelkast, kan de listeria-bacterie voorkomen. Een zwangere kan hierdoor listeriose krijgen, al komt dat in Nederland niet vaak voor. In een enkel geval wordt de baby via de moeder geïnfecteerd, wat levensbedreigend kan zijn. Daarom is het goed om voorzorgsmaatregelen te nemen: rauwe (ook voorgesneden) groente altijd wassen, alleen gepasteuriseerde of gesteriliseerde melk drinken, geen rauwe of vacuümverpakte vis eten, en van de zachte kazen uitsluitend de varianten eten die van gepasteuriseerde melk zijn gemaakt. Gebruik restjes die je hebt bewaard in de koelkast binnen twee dagen en alleen nadat ze opnieuw goed zijn verhit. Maak ongeveer één keer per maand je koelkast goed schoon.

- Alcohol en cafeïne. Alcohol komt via de placenta in het bloed van je baby en verstoort daar veel processen, met name de ontwikkeling van de hersenen. Elke hoeveelheid alcohol wordt dus sterk afgeraden tijdens de zwangerschap. Cafeïne mag je met mate: als je onder de 300 mg per dag blijft, zit je aan de veilige kant. Dat komt neer op zo'n drie kopjes koffie of zes koppen zwarte thee. Energydrinks en cola bevatten ook cafeïne (en bovendien veel suiker!)

WAAR MOET IK ALS VEGETARIËR OP LETTEN?

Ben je vegetariër of heb je ineens veel minder zin in vlees nu je zwanger bent? Je bent niet de enige: in de eerste paar maanden kunnen veel zwangeren zelfs de geur van gebakken vlees nauwelijks verdragen. Dat is niet erg, er zijn namelijk prima alternatieven voor de goede voedingsstoffen in vlees (zie de tabel). Ook als je vlees nog steeds lekker vindt en het regelmatig eet, is het aan te raden om gemiddeld twee dagen in de week vlees te laten staan. Je krijgt op een vegetarische dag wat meer vezels en minder verzadigde vetten binnen, het is lichter verteerbaar en het is ook goed voor ons milieu: bij de productie van vlees komen namelijk veel broeikasgassen vrij en er wordt intensief gebruik gemaakt van land.
Er zijn tegenwoordig heel wat vleesvervangers of 'vegetarische vlees-soorten' onder verschillende namen verkrijgbaar. Ze leveren echter niet allemaal dezelfde voedingsstoffen en er zijn vrij zoute varianten te koop. Kijk dus goed op de etiketten of vraag de slager welke ingrediënten erin voorkomen. Daarbij geldt altijd dat de volgorde van ingrediënten iets zegt over de hoeveelheid: van het eerstgenoemde het meest, enzovoort. Over het algemeen kun je stellen dat vleesvervangers met kaas en met een krokante korst je veel zout en relatief weinig gezonds opleveren.

WAAROM IS PUUR EN ONBEWERKT VOEDSEL ZO BELANGRIJK?

Er is een aantal redenen waarom het aan te raden is om zoveel mogelijk voor vers en onbewerkt eten te kiezen. Ten eerste krijg je meer vitaminen en mineralen binnen, aangezien deze bij het bewerken en bewaren van eten gedeeltelijk verloren gaan. Verder weet je bij bewerkte voeding vaak niet goed wat je precies binnenkrijgt. Veel voedingsmiddelen bevatten verbazingwekkend veel E-nummers, suiker en zout. Al jaren is het bekend dat het overgrote deel van alle Nederlanders dagelijks veel meer dan het aanbevolen maximum van 6 gram zout per dag eet. Maar liefst 80% van onze zoutinname zit al verwerkt in onze voeding, de rest is afkomstig uit ons zoutvaatje. Zout bestaat voor 40% uit natrium, een stof die bij grootverbruik onze bloed

- Bakkerszout in brood drie keer zoveel jodium bevat als jozo zout? En dat biologische brood meestal niet met bakkerszout wordt gebakken?
- Er in Nederland jaarlijks 2500 minder mensen zouden overlijden aan hart- en vaatziekten als het maximum van 6 gram zout per dag aangehouden werd?
- Een zoutloos dieet niet meer aangeraden wordt aan zwangeren met een hoge bloeddruk? Buiten de zwangerschap is het nog wél zinvol!
- Er ook cafeïne zit in icetea en chocola?
- Er sporen van smaken van jouw eten in het vruchtwater terechtkomen? De baby drinkt hier steeds kleine slokjes van. Zo maakt hij al vroeg kennis met diverse smaken.

druk laat stijgen en slecht is voor de nieren.

Ook suiker zit vaak in allerlei voedingsmiddelen 'verstopt'. Pizza's, soepen en sauzen, ketchup, gebak, marinades, vleeswaren en kaas zijn voedingsmiddelen waarin veel meer suiker en zout zit dan je misschien verwacht. Etiketten en ingrediëntenlijsten vertellen je meer, het kan echt een sport worden om deze te lezen.

Tot slot nog wat aandacht voor transvet. Dit vet zit van nature in dierlijke producten, zoals in melk en vlees van herkauwers. Kaas en roomboter bevatten dus transvet. We krijgen het echter voornamelijk binnen via bewerkte voeding, met name via producten die verhard vet bevatten. Het voedsel kan hierdoor beter bewaard blijven en wordt lekker knapperig. Realiseer je dus dat alle krokante etenswaren als crackers, zoutjes, krokante muesli, koekjes en gebak transvet bevatten. Ook blokken hard frituurvet bevatten dit transvet, vandaar dat het beter is om te frituren in olie.

WAAR MOET IK OP LETTEN ALS IK SPORT?

Als je een prestatie wilt leveren, heeft je lichaam brandstof nodig. Daarom is het verstandig om zo'n anderhalf uur voor het sporten langzame koolhydraten te eten. Die geven je een tijd lang voldoende energie. Als je na het sporten je eiwitten en mineralen aanvult, kunnen je spieren goed herstellen en blijft je bloedsuikerspiegel stabiel. Verder spreekt het natuurlijk voor zich dat je door opwarming van je lichaam meer vocht verbruikt; goed drinken is daarom belangrijk.

INGEWIKKELD?

Gezond eten hoeft niet moeilijk te zijn. Kijk maar naar de recepten verderop in dit boek: supergezond en gemakkelijk! Oude eetgewoonten doorbreken is wel lastig. Als je vanwege het gemak veel kant-en-klaarmaaltijden eet, of die zoutjes en koekjes in je kast niet kunt weerstaan, dan kom je al gauw in een slecht voedingspatroon terecht. Zie deze zwangerschap als dé kans om hier verandering in aan te brengen. Voor nu is dat goed omdat jij en je baby die voedingsstoffen zo hard nodig hebben, en straks om het goede voorbeeld aan je kind te geven en zelf gezond en fit te blijven. Betekent dit dat je nooit meer iets lekkers mag eten? Helemaal niet! Maar wees je bewust van wat je eet en geniet met volle aandacht van dat lekkere ijsje of stuk chocola. Dat geeft meer plezier en voldoening dan gedachteloos een zak chips leegeten voor de tv. Een beetje planning helpt enorm als je gezonder wilt eten. Kook iets meer van je avondmaaltijd en neem het de volgende dag mee als lunch of kijk of je baas te porren is voor de aanschaf van een blender. Misschien doe je daar ook je collega's een plezier mee! En als je ervoor zorgt dat je altijd een voorraadje rauwkost, noten en fruit in huis hebt, grijp je eerder naar een gezond tussendoortje.

ZWANGER WORDEN

HET WONDER VAN EEN NIEUW LEVEN

En dan is het zover... Je hebt besloten, alleen of met je partner, om zwanger te worden. Iets waar je misschien je hele leven naar hebt uitgekeken of alleen de laatste tijd steeds vaker aan dacht. Maar nu mag het. De anticonceptie de deur uit, en dan... wat nog meer? Hoe zorg je het beste voor jezelf en vergroot je de kans op een zwangerschap? En niet te vergeten: hoe geef je je toekomstige kind de allerbeste start?

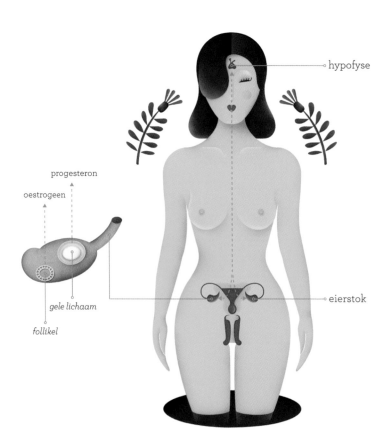

hypofyse

progesteron

oestrogeen

gele lichaam

follikel

eierstok

DE THEORIE

Bij de meeste vrouwen duurt een cyclus 28 dagen. De telling van een cyclus begint op de eerste dag van een menstruatie. In de eerste twee weken ontwikkelt zich in de eierstokken een aantal eitjes. Eén (of meer!) van die eitjes komt via de eisprong terecht in de eileider. Een eisprong of ovulatie vindt meestal zo'n veertien dagen voor het begin van de menstruatie plaats. Zo kun je dus berekenen wanneer je eisprong ongeveer is, ook als jouw cyclus langer of korter is dan die 28 dagen. Sommige vrouwen voelen wat pijn in hun onderbuik op het moment van hun eisprong.

Een eicel kan tot twaalf uur na de eisprong bevrucht worden. Zaadcellen kunnen tot ongeveer 48 uur na de zaadlozing een eitje bevruchten. Maar als er al een eitje 'klaarligt', kan de zaadcel binnen een half uur het eitje bereiken! De zaadcellen zwemmen naar een van de eileiders en de snelste wint. De zaadcel dringt de eicel binnen, waarna het erfelijk materiaal van vader en moeder samenkomt: 23 chromosomen van elk, 46 chromosomen in totaal. Het allerprilste begin van een baby is daar, met alle toekomstige eigenschappen: jongen of meisje, blond of donker haar, muzikaal of sportief, alles ligt al vast.
Het bevruchte eitje (zygote) gaat zich snel daarna delen in twee, vier, acht cellen, en zo verder. Intussen 'reist' de zygote naar de baarmoeder en als het een klompje is van ongeveer veertien cellen nestelt het zich in de zachte baarmoederwand. Op die plek komt de placenta en groeit de baby verder. Dit is het prille begin van een zwangerschap.

EEN GEZONDE GEEST IN EEN GEZOND LICHAAM

Je kunt je voorstellen dat er onnoemelijk veel factoren in dat hele proces van bevruchting een rol spelen. Hormonen spelen hier een hoofdrol, en die worden op hun beurt beïnvloed door wat je eet en drinkt, hoeveel je beweegt, of je goed in je vel zit en ga zo maar door. Dit is het moment om te werken aan de punten die je wilt verbeteren in je leven; nu voor jouw eigen gezondheid, binnenkort voor die van je baby!

Wat kun je zelf doen?

- Stoppen met roken. Je wist natuurlijk al dat (mee)roken niet gezond is, maar wist je ook dat roken de vruchtbaarheid van man én vrouw vermindert? Bovendien geeft roken tijdens de zwangerschap een grotere kans op een aantal ernstige complicaties, zoals groeivertraging van de baby en vroegtijdige loslating van de placenta. Stoppen met roken is zelden gemakkelijk, maar zie het als het grootste cadeau dat je jezelf en je toekomstige kind kunt geven. Uit onderzoek is gebleken dat de kans van slagen groter is als je hulp van buitenaf zoekt en als je partner ook niet rookt. Vraag je huisarts om verdere hulp of een verwijzing. Sommige huisartsen ondersteunen je bij een stoppoging, er bestaan speciale stoppen-met-rokenpoliklinieken en er zijn online coaches die je kunnen ondersteunen (zie ook rokeninfo.nl).

- Alcohol en drugs uit je leven bannen. Alcohol kan bij vrouwen de eisprong remmen en bij mannen zorgen voor minder zaadcellen, die ook nog eens vaker afwijkingen vertonen. Er zijn aanwijzingen dat één glas alcohol per dag bij vrouwen al tot verminderde vruchtbaarheid kan leiden en de kans op een miskraam vergroot. Van diverse soorten drugs – ook cannabis – is bewezen dat ze de vruchtbaarheid verminderen.

  Van bijvoorbeeld cocaïne en ecstasy is aangetoond dat ze een zuurstoftekort en aangeboren afwijkingen aan het hart en de urinewegen bij de baby kunnen veroorzaken.

- Je BMI bekijken. De Body Mass Index geeft de verhouding tussen je lengte en gewicht weer. Deze is te berekenen door je gewicht in kilo's te delen door het kwadraat van je lengte, bijvoorbeeld 1.72 m x 1.72 m = 2.95. 75 kilo : 2.95 = 25.4. Een gezond BMI zit tussen de 20 en 25. Tussen de 25 en 30 is het verstandig om wat af te vallen en een BMI vanaf 30 geldt als ernstig overgewicht. Vrouwen die

veel te zwaar of veel te licht zijn, worden vaak moeilijker zwanger. Bovendien vergroot overgewicht gedurende de zwangerschap de kans op een aantal serieuze complicaties. Daarbij heeft je baby een grotere kans om later in zijn leven zelf overgewicht of diabetes te krijgen. Lijnen tijdens de zwangerschap wordt echter afgeraden, omdat het de baby kan schaden. Dus nu, voor je zwangerschap, is het de ideale tijd om iets te doen aan je gewicht!

- Ook als je gewicht prima is, kun je tekorten hebben aan bepaalde voedingsstoffen. Uit onderzoeken blijkt steeds vaker dat een ongezond eetpatroon aan het begin van de zwangerschap invloed heeft op de aanleg van bepaalde organen van de baby, zoals de nieren. Daarnaast heb je een flinke voorraad vitaminen en mineralen nodig om straks door te geven aan je kind. Kijk eens kritisch naar wat je zoal eet en drinkt op een dag en vergelijk het met de aanbevolen voedingsmiddelen die in het hoofdstuk Voeding staan.

- Extra foliumzuur en vitamine D slikken. Gevarieerde en gezonde voeding geeft je bijna alles wat je nodig hebt, maar van foliumzuur en vitamine D heb je wat meer nodig. Foliumzuur (of vitamine B11) verkleint het risico op een zogenaamd neurale-buisdefect, zoals een open ruggetje of hazenlip, met wel 70%. Het beste is om met 400 microgram foliumzuur

te beginnen vier weken voordat je zwanger bent en dit te slikken tot tien weken zwangerschap. Langer gebruik kan geen kwaad. En kijk eens naar de heerlijke salades met linzen van Radmilo voor een extra portie foliumzuur uit de natuur! Vitamine D wordt in je huid aangemaakt onder invloed van zonlicht en zorgt ervoor dat je calcium uit je voeding goed opneemt. Calcium heb je nodig voor stevige botten bij jezelf en de baby. Bovendien is vitamine D belangrijk voor een goede afweer bij zowel moeder als kind. Veel Nederlanders hebben een tekort aan vitamine D, doordat ze weinig buiten zijn of weinig vitamine D via voeding binnenkrijgen. Gesluierde vrouwen en mensen met een donkere huidskleur hebben ook vaker een tekort aan vitamine D, zelfs als ze voldoende in de zon komen. Tijdens de gehele zwangerschap wordt een extra inname van 10 microgram vitamine D aangeraden. Vitamine D zit van nature in vette vis, zoals makreel en zalm. Probeer eens de gegrilde wilde zalm (zie hoofdstuk Recepten) van Radmilo: lekker én ontzettend gezond.

• Als je medicijnen gebruikt, overleg dan met je (huis)arts of apotheker of deze kwaad kunnen tijdens je zwangerschap en borstvoedings-periode. Soms zijn er vergelijkbare medicijnen beschikbaar zonder risico's voor de baby. Gebruik geen vrij verkrijgbare medicijnen zonder advies van je huisarts of verloskundige. Het is ook niet verstandig om vitaminen of homeopathische middelen te nemen zonder medisch advies.

- Lichaam en geest vormen een balans. Als je lekker in je vel zit, is het gemakkelijker om te kiezen voor gezond voedsel en krijg je meer zin om lekker te bewegen. En met een fit lijf is het weer eenvoudiger om je goed te voelen. Je kunt er zelf voor zorgen zoveel mogelijk in evenwicht te komen, wat belangrijk is voordat je begint aan dit grote avontuur. Kijk nog eens naar de energiecirkel in het hoofdstuk Energie en bedenk hoe het met die acht factoren in jouw leven zit.

ALS HET DAN TOCH NIET LUKT

In onze moderne maatschappij zijn we eraan gewend geraakt om snel de dingen te krijgen die we graag willen. Hier heb je echter te maken met een natuurlijk proces, iets wat je niet zomaar met een knopje aan- of uitzet. Van alle stellen die proberen zwanger te raken, lukt dat bij 80% binnen een jaar. Bij één op de vijf stellen lukt dat dus niet binnen die periode; zij kunnen dan een verwijzing krijgen naar een fertiliteitskliniek. Wetenswaar-dig is ook dat de kans op een zwangerschap verkleint naarmate een vrouw ouder wordt: voor het 30e jaar is die kans elke maand 20%, bij 38 jaar nog maar 5%.

Als zwanger worden niet lukt, is dat natuurlijk frustrerend. Het voelt misschien als falen of je wordt er boos of verdrietig van. De kans is groot dat je partner er ook problemen mee heeft. Blijf daarom met elkaar praten, vertel elkaar wat het met je doet. Wat daarbij helpt, is samen dingen doen die jullie plezier geven. Tijdens een reisje, etentje, bezoek aan een sauna of gewoon een lange wandeling hebben jullie tijd om te praten en zo wordt jullie band sterker. Bovendien is het belangrijk om met plezier te blijven vrijen, zon-

der constant de zwangerschapswens in je achterhoofd te hebben.

Paul *(33, zoon van 11 maanden):*
"Na zes jaar samen te zijn geweest, vonden we het tijd voor een kind. We verheugden ons enorm op wat komen ging. Maar toen na zeven maanden mijn vriendin nog niet zwanger was, sloeg bij ons de frustratie toe. Hoe kon dit nou, we deden toch niks fout? Op advies van de huisarts ben ik toen gestopt met roken, heb de biertjes teruggebracht naar ongeveer twee per week en ben meer gaan bewegen. Het resultaat: ik viel af, voelde me fitter en twee maanden later was mijn vriendin zwanger! We konden ons geluk niet op."

Een temperatuurcurve bijhouden is een hulpmiddel om te zien wanneer je een eisprong hebt. Dat gaat als volgt: elke ochtend voor het opstaan meet je je temperatuur en je noteert deze gedurende een hele cyclus. Een temperatuurstijging van 0,3 tot 0,5 graden ongeveer twee weken voor de start van je menstruatie bewijst dat er een eisprong is geweest in de drie tot vier dagen rondom die temperatuurstijging. Als je een regelmatige cyclus hebt, kun je daar in het vervolg rekening mee houden. Er zijn diverse ovulatietesten verkrijgbaar bij de drogist. Deze geven vruchtbare dagen aan, maar niet één precies moment. De meeste vrouwen hebben in hun vruchtbare periode dunne en heldere vaginale afscheiding, die 'draderig' kan zijn als rauw eiwit. Het wordt geadviseerd om in die periode om de dag te vrijen, omdat de spermakwaliteit bij die frequentie vermoedelijk het beste is.

HORMOONVERSTORENDE STOFFEN

Alhoewel we het niet altijd beseffen, zijn we tegenwoordig omringd door chemische stoffen: in verf, schoonmaakmiddelen, crèmes, sprays, zelfs in voedselverpakkingen. Ze vereenvoudigen ons leven en we kunnen bijna niet zonder. Toch is het verstandig om je voor of tijdens de zwangerschap te realiseren welke chemische stoffen je allemaal gebruikt en te weten dat deze stoffen misschien de ontwikkeling van je baby beïnvloeden.

In de afgelopen decennia is er veel onderzoek gedaan naar een aantal chemische stoffen die in huis-, tuin- en keukenproducten voorkomen. Denk aan weekmakers in plastic (ftalaten), chemicaliën aan de binnenkant van conservenblikken (bisfenol A) en conserveermiddelen in allerlei verzorgingsproducten als crèmes en shampoos (parabenen). Maar nog veel meer stoffen worden momenteel volop onderzocht. Het is gebleken dat deze stoffen bij dieren de hormoonhuishouding verstoren en suikerziekte kunnen veroorzaken. Ook zorgen ze voor een verminderde vruchtbaarheid en een verhoogde kans op zaadbal- en borstkanker bij dieren. Aangezien er in de afgelopen veertig jaar een sterke stijging is geweest in het voorkomen van juist deze aandoeningen bij mensen, ontstond er een vermoeden dat er een verband is met chemische stoffen. Dat is inderdaad al bewezen voor een aantal weekmakers, waarna deze verboden werden in de EU. Maar niet voor alle stoffen is er overtuigend bewijs voor schadelijkheid bij mensen. Het lastige is dat de stoffen afzonderlijk onderzocht worden, terwijl wij dagelijks te maken krijgen met allerlei combinaties. Verder wordt er slechts onderzocht wat de maximaal toelaatbare dosis is voor een volwassene. Het is nog onbekend welke dosis bij een ongeboren kind terechtkomt en wat de effecten daarvan zijn.

Op basis van de onderzoeksresultaten die tot zover bekend zijn, hebben

Denemarken, Engeland, Frankrijk en België besloten om zwangeren te informeren over het gebruik van hormoonverstorende stoffen (in het Engels afgekort tot EDC's). Denemarken heeft een speciaal informatieprogramma dat bestaat uit folders en posters, dat wordt aangevuld met mondelinge informatie van de verloskundige of gynaecoloog. Zo worden vrouwen er bewust van gemaakt welke stoffen schadelijk kunnen zijn tijdens de zwangerschap en kunnen ze ervoor kiezen deze stoffen te vermijden. De Nederlandse overheid vindt echter niet dat er voldoende bewijs is voor de schadelijkheid van deze chemische stoffen en heeft daarom besloten dat speciale informatie voor zwangere vrouwen niet nodig is. Dit ondanks het rapport dat de Wereldgezondheidsorganisatie (WHO) begin 2013 heeft uitgebracht, waarin gewezen wordt op de mogelijke gevaren van allerlei chemische stoffen voor de zwangerschap.

Wat moet je hier nu mee als zwangere? Negeren of juist alles erover lezen? De keus is aan jou. Deze informatie is er niet om je bang, maar wel om je bewust te maken. Op de websites babyopkomst.nl en eenveilignest.nl vind je uitgebreide informatie én een Engelse vertaling van het Deense foldertje voor zwangeren.

Wist je dat:

- Die eerste twee weken voor de eisprong al meegeteld worden in de 40 weken zwangerschap? Je bent dus eigenlijk 38 weken zwanger.
- De vader degene is die bepaalt of je een jongen of meisje krijgt? De zaadcel bevat namelijk óf een X-chromosoom (meisje) óf een Y-chromosoom (jongen). Een eicel heeft altijd een X-chromosoom.
- Een zaadcel soms een afstand van tien centimeter moet afleggen voordat hij de eicel bereikt, zo'n tweeduizend keer zijn eigen lengte?
- Een tweeling ontstaat door een vroege deling van een bevruchte eicel in twee afzonderlijke eicellen (eeneiig) of door bevruchting van twee eicellen (twee-eiig)?

ZWANGERSCHAP

EERSTE TRIMESTER
(WEEK 1-14)

Je wordt niet ongesteld. Of je hebt een opgezette buik en pijnlijke borsten. Of je voelt gewoonweg dat het dit keer 'raak' is. En of dit nu een complete verrassing is of langverwacht nieuws, een spannende tijd breekt aan. Je kunt afwachten of je zwanger bent of niet, de tijd zal het leren. Maar mocht je niet willen wachten, dan kun je al een test doen vanaf het moment waarop normaal gesproken je menstruatie begint. Zwangerschapstesten zijn in vele variaties te koop en heel betrouwbaar. Ze testen de hoeveelheid hCG in je urine, een hormoon dat je lichaam produceert na de innesteling van een bevrucht eitje.

HORMONEN IN DE HOOFDROL

Behalve hCG spelen nog een aantal andere hormonen een grote rol bij het ontstaan en de ontwikkeling van je baby: luteïniserend hormoon, oestrogeen, progesteron en prolactine. Ze beïnvloeden elkaar in een ingewikkeld proces en je hebt ze nu in je lichaam in veel grotere hoeveelheden dan normaal. Je bent dus een soort 'hormonenbom' in die eerste maanden van je zwangerschap en dat kan veel gevolgen hebben. Want behalve dat die hormonen goed zijn voor de groei van je baby en de placenta, kunnen ze ook zorgen voor allerlei bijwerkingen, zoals misselijkheid, vermoeidheid, opgezette borsten en niet te vergeten, emoties die alle kanten opgaan. Van het gevoel dat je de gelukkigste vrouw op deze aarde bent tot een spontane huilbui bij het zien van een puppy; alles is mogelijk én heel normaal in dit stadium.

UITGEREKENDE DATUM

Een van de eerste vragen die waarschijnlijk in je opkomt, is wanneer de baby geboren wordt. Een voldragen zwangerschap duurt zo'n 280 dagen of 40 weken, gerekend vanaf de eerste dag van je laatste menstruatie. Tellen dus, of maak het jezelf gemakkelijk: er bestaan veel websites die het sommetje voor je maken. Je definitieve uitgerekende datum wordt bekend bij de termijnecho, die tussen de 10e en 13e week plaatsvindt. Deze datum is vooral van belang om te weten of een kind volgroeid is tegen de tijd dat hij geboren wordt; een baby die geboren wordt tussen de 37 en 42 weken wordt gezien als volgroeid.

WAT MOET IK DOEN?

Allereerst zo goed mogelijk voor jezelf (laten) zorgen. Dit is een bijzondere periode, die je waarschijnlijk niet vaak gaat meemaken in je leven. Gezonde voeding is natuurlijk belangrijk, want goede voedingsstoffen hebben jullie beiden extra hard nodig. Bedenk dat in deze periode alle organen van de baby worden aangelegd en dat je die ontwikkeling negatief kunt beïnvloeden door schadelijke stoffen van sigaretten, alcohol, drugs en sommige medicijnen. Lees ook over de mogelijke invloed van chemische producten in het hoofdstuk Zwanger worden. Start meteen met het slikken van extra vitamine D en foliumzuur als je dat nog niet deed. En probeer uiteraard zo gevarieerd, puur en gezond mogelijk te eten.

Als je misselijk en moe bent, zoals veel zwangeren in die eerste paar maanden, is goed eten misschien een opgave. Probeer je niet te veel zorgen te maken als je op een dag slechts kleine beetjes kunt binnenkrijgen. Als je een gezond voedingspatroon had voor de zwangerschap, waardoor je een flinke voorraad vitaminen en mineralen hebt opgebouwd, geef je daar nu veel van door aan je baby. Bekijk op welk moment van de dag jij je het beste voelt en eet dan die producten die goede voedingsstoffen bevatten. Probeer uit waar je maag het beste op reageert en varieer zoveel mogelijk. Als je last hebt van ochtendmisselijkheid kan het helpen om een klein stukje cracker of fruit te eten voor je opstaat en dat tien minuten te laten 'zakken'. Misselijkheid komt namelijk eerder voor bij een lege maag. Daarom is het goed om de hele dag lichte, kleine dingen te blijven eten, ook al heb je daar niet zoveel zin in. Denk ook aan regelmatig drinken, met kleine slokjes tegelijk! Vind je het juist moeilijk om goed te drinken, eet dan dagelijks twee stuks fruit en groente die veel water bevatten, zoals komkommer. Verder is gebleken dat stress en vermoeidheid misselijkheid in de hand werken, dus vermijd deze zoveel je kunt. Mocht je nauwelijks iets kunnen eten of binnenhouden, neem dan contact op met je verloskundige of arts.

Rond de 6e week van de zwangerschap is een goed moment om een verloskundige te bellen. Meestal krijg je dan een afspraak voor een aantal weken later. In Nederland is het verloskundig systeem zo ingericht dat een verloskundige alle gezonde zwangerschappen en bevallingen begeleidt. Als er ergens in het traject een complicatie optreedt, dan verwijst zij je door naar een gynaecoloog. Ook begeleidt een gynaecoloog zwangeren die vooraf een medische indicatie hebben gekregen, zoals vrouwen met bepaalde chronische ziekten als

diabetes. Mocht je twijfelen over wie jouw zwangerschap het beste kan begeleiden, neem dan contact op met een verloskundigenpraktijk; zij zoeken dit voor je uit.

MOE, MOE, MOE

Vermoeidheid is de meest voorkomende klacht van vrouwen in de eerste drie maanden. En geen wonder dat je moe bent: je hebt te maken met een enorme hormonale ommezwaai en een bevrucht eitje dat in drie maanden uitgroeit tot een minimens met alles erop en eraan! Geef dus toe aan die vermoeidheid en rust of slaap wanneer je lichaam daaraan toe is. Als je werk hebt dat veel van je vraagt,

kijk dan of je de activiteiten wat kunt spreiden, op het werk een uurtje mag rusten of hier en daar wat kortere dagen kunt maken. Je bent maar één keer zwanger van dit kind en meestal gaat je energiepeil weer wat omhoog na dit eerste trimester.

Als je moe bent maar niet misselijk, is de verleiding misschien groot om toe te geven aan de drang om lekkere dingen te eten. Begrijpelijk, maar niet verstandig. Behalve het feit dat zoete en zoute snacks weinig goede voedingsstoffen bevatten en je jezelf belast met onnodige kilo's, houd je zo je bloedsuikerspiegel hoog. Dit vergroot de kans op suikerziekte tijdens de zwangerschap én verlaagt je energiepeil. Een typisch vicieuze cirkel dus.

VERTELLEN OF NIET?

Je staat misschien te popelen om aan iedereen dit grote nieuws te vertellen. Familie, vrienden en collega's, aan iedereen wil je het kwijt. Natuurlijk is dat leuk om te doen. Houd er alleen rekening mee dat je een kans hebt van ongeveer 10% op een miskraam, en dat je dat dan ook moet delen met alle mensen die op de hoogte zijn. Dat hoeft helemaal geen nadeel te zijn; deze mensen kunnen zich dan misschien beter inleven in je verdriet en jou tot steun zijn. Het is maar net wat bij je past.

Petra (31, 18 weken zwanger van tweede kind):
"Ik was vrij snel na mijn eerste baby voor de tweede keer zwanger. Ik voelde me goed en was ongelooflijk blij. Meteen via Facebook de hele wereld laten weten. Nog geen twee weken later bleek bij een vroege echo dat het kindje niet meer leefde. We waren verbijsterd, na een goede zwangerschap van onze eerste hadden we hier totaal geen rekening mee gehouden. Tot en met de bloemist waar ik vaak kwam, moest ik vertellen dat de zwangerschap niet doorging. En hoewel mensen meelevend waren, vond ik dat toch vervelend. Dus bij deze zwangerschap hebben we dat iets anders aangepakt: alleen mijn zus wist het de eerste weken, en na de 12e week durfden we iets zekerder te zijn en hebben we iedereen ingelicht."

VEELVOORKOMENDE KLACHTEN EN KWAALTJES

Buikpijn

Van een beetje gerommel in je buik tot hevige buikpijn, alles komt voor tijdens de zwangerschap. Het kan soms alarmerend voelen, maar hoeft lang niet altijd ernstig te zijn. Als je je alleen al voorstelt dat je baarmoeder groeit van een klein peertje naar een forse opgeblazen ballon, is het niet zo gek dat je af en toe pijn voelt van het groeien en oprekken van de baarmoederspier. Verder kun je ook de rek voelen van de banden die de baarmoeder op zijn plaats houden. Met name de banden die van de zijkanten van de baarmoeder naar je schaambot lopen, kunnen stekende pijn in je liezen geven, juist bij bewegingen als opstaan, omdraaien in bed of niezen. Zodra de banden weer zijn meegerekt met de groei van je baarmoeder, zul je hier minder van merken. Deze bandenpijn is dus onschuldig. Vaak is het wel fijn om bij bandenpijn een stevige broek of band te dragen ter ondersteuning.

Verder kan verstopping een oorzaak van buikpijn zijn. Het hormoon progesteron zorgt er namelijk voor dat je darmen wat minder actief zijn tijdens de zwangerschap. Als gevolg hiervan zit ontlasting langer in de darmen, waardoor er meer vocht aan onttrokken wordt en de ontlasting harder wordt. Dit kan bij jou verstopping of obstipatie veroorzaken, soms zo ernstig dat je af en toe bloed bij je

ontlasting hebt (zie ook aambeien). Met goede voeding en veel drinken is er veel te doen tegen obstipatie. Eet veel vezels, zoals volkorenproducten, peulvruchten, gedroogd fruit (abrikozen, pruimen) en veel fruit en verse groenten. Toevallig ook nog eens voedsel waar jij en je baby bij floreren! Noten, gebroken lijnzaad en lijnzaadolie kunnen daarnaast helpen, en ten slotte zijn ook hierbij bewegen en veel drinken belangrijk.

Vaginale afscheiding

Dit is een veelvoorkomend fenomeen van de zwangerschap dat door veel vrouwen als vervelend wordt ervaren. Door een betere doorbloeding in de vagina wordt er meer afscheiding (fluor) geproduceerd. Deze houdt je vagina schoon en vrij van vreemde bacteriën. Het heeft dan ook niets met een gebrek aan hygiëne te maken. Sterker nog, als je je vagina met zeep wast of inwendig spoelt, verstoor je het bacteriële evenwicht en stimuleer je de aanmaak van fluor.
Dat is dus niet verstandig. Normale afscheiding is wit of lichtgeel van kleur, ruikt licht zurig en kan tegen het einde van de zwangerschap waterig dun zijn.
Als je fluor er brokkelig uitziet en/of als je jeuk hebt, heb je mogelijk een vaginale schimmelinfectie. Een lastig kwaaltje, maar het heeft gelukkig geen effect op je ongeboren baby. Toch is het goed om een schimmelinfectie te behandelen met een vaginale crème en/of capsule. Informeer

bij je verloskundige of huisarts. Zoals alle schimmels houdt ook deze van een vochtige omgeving. Draag daarom katoenen ondergoed, gebruik geen inlegkruisjes, was je vagina alleen uitwendig met water en laat deze goed drogen.

Bloedingen

Vaginaal bloedverlies komt bij één op de vijf vrouwen voor in het eerste trimester. Bij ongeveer de helft van de vrouwen is dit bloedverlies het eerste teken van een miskraam, bij de andere helft is het onschuldig. De innesteling van het eitje in de zachte wand van de baarmoeder geeft soms licht bloedverlies rond de tijd dat je normaal gesproken je menstruatie verwacht. Dit is normaal en heeft geen verdere consequenties voor de zwangerschap. Verder is het goed om te weten dat je soms wat bloed kunt verliezen na het vrijen, een zogenaamde contactbloeding. De baarmoedermond en vagina zijn beter doorbloed en door contact met de penis kan er een bloedvaatje springen. Contactbloedingen zijn niet schadelijk en je hoeft het vrijen er niet voor te laten.
Andere vaginale bloedingen, al dan niet gepaard gaand met buikpijn, zijn altijd een reden om contact op te nemen met degene die je zwangerschap begeleidt. Soms kun je alleen maar afwachten, soms wordt er verder onderzoek naar de oorzaak van het bloedverlies gedaan. Die oorzaak wordt overigens lang niet altijd gevonden.

Carien (29 jaar, 18 weken zwanger van eerste kind)
"Toen ik twee maanden na een miskraam voelde dat ik opnieuw zwanger was, kreeg ik toch weer een bloeding. Teleurgesteld was ik, wéér ongesteld. Maar omdat het maar weinig bloedverlies was, deed ik voor de zekerheid een zwangerschapstest. Tot mijn verrassing was die positief! Pas later hoorde ik van de verloskundige dat juist rond het moment dat je normaal gesproken gaat menstrueren, het eitje zich innestelt in de baarmoeder. En daar komt soms wat bloed bij vrij."

Het slijmvlies in je neus en je tandvlees kunnen tijdens de zwangerschap gezwollen zijn door de betere doorbloeding, en sneller bloeden. In principe is dit onschuldig. Wel is het goed om bij terugkerende bloedingen van je tandvlees naar de tandarts of mondhygiënist te gaan. Zij kunnen zien of je tandvlees echt ontstoken is en of je geen last hebt van tandplaque. Er zijn namelijk aanwijzingen dat ontstoken tandvlees vroeggeboorte tot gevolg kan hebben. Uiteraard blijft het raadzaam om ook zonder klachten twee keer per jaar je gebit te laten controleren, zeker tijdens de zwangerschap.

Vaak plassen en blaasontstekingen

Door de betere doorbloeding draaien ook je nieren in deze periode op volle toeren, alhoewel je per dag niet méér urine produceert dan normaal.

Wel moeten de meeste zwangeren veel vaker plassen, ook 's nachts. Dat komt voornamelijk door de druk van de groeiende baarmoeder op de blaas. Probeer de tijd te nemen om goed uit te plassen, dat voorkomt een blaasontsteking.

Een blaasontsteking of urineweginfectie is niet altijd te voorkomen. De tekenen ervan kunnen iets verschillen van de symptomen buiten een zwangerschap. Frequente harde buiken, een continu zeurende onderbuikpijn of een branderig gevoel bij het plassen kunnen wijzen op een blaasontsteking. Daarnaast kun je 'loze aandrang' hebben: het gevoel dat je moet plassen, maar er komt nauwelijks of geen urine. Een bewezen urineweginfectie moet behandeld worden met antibiotica; als dat niet gebeurt, kan de infectie opstijgen naar de nieren en een nierbekkeninfectie veroorzaken. Inmiddels is bewezen dat veel vitamine C en cranberry's kunnen helpen bij het voorkomen van blaasontstekingen. Cranberrycapsules genieten de voorkeur boven cranberrysap, omdat die laatste veel suiker bevat en niet zo geconcentreerd is als capsules.

Wisselende emoties en dromen

Je zou het niet zeggen als je al die stralende vrouwen ziet op covers van tijdschriften, maar iedere zwangere heeft weleens last van een flinke dip. En kan een half uur later weer huilen van het lachen. Dit zijn allemaal ge-

Of je prenatale onderzoeken wilt laten doen, en zo ja welke, is een strikt persoonlijke keuze. Er is geen goed of fout, het is maar net hoe je in het leven staat en wat je belangrijk vindt. Hoeveel wil je weten over je ongeboren kind? Ben je gerustgesteld door een goede uitslag van de combinatietest? Hoe sta je tegenover het hebben van een kind met een van deze syndromen? Zou je je zwangerschap voortijdig laten afbreken als je baby een syndroom blijkt te hebben? Dit zijn behoorlijk indringende vragen waar je over na moet denken zo vroeg in je zwangerschap. Praat erover met je partner, met dierbare vrienden of met familie. Verder kun je natuurlijk terecht bij de verloskundige of gynaecoloog. Ook zijn er websites die je verder kunnen helpen: zwangerwijzer.nl, prenatalescreening.nl of kiesbeter.nl.

volgen van je zwangerschapshormonen en gelukkig volkomen normaal. Daarnaast kun je 's nachts levendige dromen of nachtmerries krijgen. Die nachtmerries gaan vaak over de gezondheid van je baby en kunnen beangstigend zijn. Toch betekenen ze niets, alleen dat je hersenen volop bezig zijn met wennen aan de nieuwe situatie.

PRENATALE ONDERZOEKEN

Iedere zwangere vrouw in Nederland krijgt tegenwoordig de mogelijkheid om in de zwangerschap (prenataal) bepaalde onderzoeken te laten doen. Welke zijn er allemaal? En wat houden ze in? Hierbij een overzicht:

Echo's

Zodra je onder controle komt te staan bij de verloskundige of gynaecoloog, wordt er een afspraak gemaakt voor een termijnecho. Idealiter wordt deze gepland tussen de 10e en 12e zwangerschapsweek. Aan de hand van de lengte van de baby (de afstand tussen kruin en stuitje) wordt bepaald hoelang je precies zwanger bent en wat je uitgerekende datum is. Dan is er tussen week 19 en 20 van de zwangerschap nog de screeningsecho of de SEO. Hierbij wordt onder andere uitgebreid gekeken naar het hart, de hersenen, de nieren, de rug en de ledematen van de baby. Ook wordt de hoeveelheid vruchtwater gemeten en wordt vastgesteld waar de placenta ligt. Als je graag het geslacht van de baby wilt weten, dan kan daar ook naar gekeken worden, mits de baby gunstig ligt.

Eventuele verdere echo's worden op indicatie van een arts of verloskundige gedaan, bijvoorbeeld bij bloedverlies of bij twijfel over goede groei van de baby. Bij een echo wordt echter niet altijd alles gezien. Soms doordat het gewoonweg technisch niet mogelijk is, soms doordat de baby niet gunstig ligt of doordat het beeld vaag is door buikvet van de moeder. Een echo geeft geen 100% garantie op een gezonde baby.

Bovenstaande echo's worden vergoed door elke verzekering. Extra echo's die je zelf wilt laten maken (pretecho's) komen voor eigen rekening. Vraag je verloskundige om betrouwbare adressen voor een pretecho.

Combinatietest

Zoals de naam al aangeeft, combineert deze test de uitslag van twee onderzoeken: een bloedtest bij jou en een echoscopische meting van de dikte van je baby's nekplooi. De uitslag geeft aan wat jouw risico is bij deze zwangerschap op het krijgen van een kind met het downsyndroom (trisomie 21), edwardssyndroom (trisomie 18) en patausyndroom (trisomie 13). Deze kans stijgt naarmate de moeder ouder is. Het onderzoek wordt tussen week 9 en 14 gedaan en is een zogenaamde risicoberekenende test: er komt niet definitief vast te staan of je kind een van deze syndromen heeft of niet. Mocht jouw risico één op 200 zijn of hoger, dan kom je in aanmer-

king voor verder onderzoek: de NIPT, een vruchtwaterpunctie of vlokkentest. Een combinatietest waar een laag risico uit komt wordt niet door de basisverzekering vergoed, vaak wel door aanvullende verzekeringen.

Cindy *(22, 15 weken zwanger van eerste kind):*

"Toen de verloskundige ons tijdens het eerste gesprek vertelde over de combinatietest, wisten wij al wat we wilden, we hadden er al over nagedacht. Mijn zus was namelijk al zwanger geweest en had ook de test gedaan. Ik heb zelf tijdens een stage kinderen met het downsyndroom begeleid. Ik vond het heel lieve kinderen, maar zag ook dat ze veel extra zorg nodig hebben. Ik denk niet dat wij het soort ouders zijn die dat aankunnen. Gelukkig was mijn partner het met mij eens."

Ingrid *(32, 17 weken zwanger van eerste kind):*

"Mijn man en ik zaten blij en vol verwachting bij de eerste controle. Toen we hoorden over alles wat er mogelijk was aan onderzoeken duizelde het ons. En eerlijk gezegd deed het voor ons ook iets af aan onze blijdschap. Na veel praten hebben wij besloten geen testen te laten doen. Als er uit een onderzoek zou komen dat ons kind een syndroom heeft, willen we niet geconfronteerd worden met de keuze over wel of geen abortus. Laat die baby gewoon maar komen, dat is ons idee."

Niet roken en drinken, rustig aan met cafeïne

NIPT

Een afkorting voor Niet-Invasieve Prenatale Test. Deze test kun je in Nederland alleen doen na een combinatietest waar een verhoogd risico is uitgekomen, dus één op 200 of hoger, of wanneer een vrouw eerder een kind met het downsyndroom heeft gekregen. In die situaties wordt de NIPT vergoed door de verzekering. Alleen het moederlijke bloed wordt onderzocht, waarmee de test veilig is voor de zwangerschap. De NIPT kan vanaf 10 weken zwangerschap het downsyndroom met 99% zekerheid aantonen, voor de andere trisomieen is dat percentage iets lager. Het voordeel van deze test is dat je hem in plaats van een vruchtwaterpunctie of vlokkentest kunt doen; zo vermijd je het miskraamrisico (zie ook meerovernipt.nl). Vanaf het voorjaar van 2017 wordt de NIPT waarschijnlijk aan alle zwangeren als eerste test aangeboden.

Vruchtwaterpunctie en vlokkentest

Bij deze onderzoeken wordt er een klein stukje placenta (vlokkentest) of een kleine hoeveelheid vruchtwater afgenomen. Dat gebeurt meestal met behulp van een naald die door de buikwand heen gaat, op geleide van echobeelden. Het weefsel en vruchtwater bevatten hetzelfde erfelijk materiaal als de baby. Hier worden de chromosomen uit gehaald en letterlijk geteld. Zo kan er met grote zekerheid gesteld worden of er sprake is van een van de syndromen. Met een vruchtwaterpunctie kan bovendien gekeken worden naar een aantal erfelijke aandoeningen, zoals taaislijmziekte en de kans op een open ruggetje. Bij deze twee onderzoeken is er een kans – van ongeveer 4 op 1000 – op een miskraam. (Zie ook erfelijkheid.nl)

MISKRAAM

Bij ongeveer 10 tot 15% van de zwangeren eindigt de zwangerschap voor de 16e week in een miskraam. Dat kan beginnen met bloedverlies of buikpijn, maar het is ook mogelijk dat er tijdens de eerste echo wordt gezien dat het hartje van de baby niet meer klopt.

Het overgrote deel van de miskramen wordt veroorzaakt door fouten in de celdeling van het vruchtje of door een chromosoomafwijking bij de baby. Je lichaam 'herkent' dan de aanlegstoornis en stoot de vrucht af, een soort natuurlijke selectieprocedure. Bij een veel kleiner deel van de miskramen ligt de oorzaak buiten de baby, zoals bij hormonale stoornissen of een afwijkende vorm van de baarmoeder.

Het verloop van een miskraam kan per vrouw enorm verschillen. Wel is het vaak zo dat bij vroege miskramen het bloedverlies en de buikpijn wat minder zijn dan bij latere miskramen. De baarmoederspier trekt samen om het vruchtje en de placenta uit te drijven. Dat voel je als (hevige) menstruatiekrampen of als echte weeënpijn. Het bloedverlies kan variëren van een klein beetje tot een flinke menstruatiehoeveelheid. Ook de duur van een miskraam is moeilijk te voorspellen: van buikkrampen en een beetje bloedverlies gedurende een week of twee tot een paar uur hevige bloedingen met weeënachtige pijn, het is allemaal mogelijk. Neem contact op met je verloskundige of huisarts als je denkt dat je een miskraam hebt of als er gezien is dat de baby niet meer leeft; zij zullen je verder begeleiden. Voor een miskraam hoef je in principe niet opgenomen te worden in een ziekenhuis; bij een normaal verloop is een huiselijke omgeving een veilige plek. Wel is het belangrijk dat er iemand bij je is en dat je medische hulp zoekt als je continu grote stolsels verliest, als het bloedverlies te hevig is of als je duizelig wordt. Koorts bij een miskraam is altijd een reden om medische hulp te zoeken.

Het komt nogal eens voor dat vrouwen zich schuldig voelen over een miskraam. Was het vele sporten misschien de oorzaak, het zware tillen of toch seks? Dat schuldgevoel is echt niet nodig: een gezonde vrucht blijft stevig in de baarmoeder zitten, wat je ook doet. Hoe dan ook, het is voor jou en je partner een ingrijpende ervaring. Je moet afscheid nemen van je blijdschap en van de hoop en de verwachtingen die jullie misschien al hadden voor deze baby. Iedereen gaat daar op zijn eigen manier mee om, daar zijn geen regels voor. Wat echter niet werkt, is deze ervaring zo snel mogelijk proberen te 'vergeten'. Geef jezelf en je partner tijd om te praten en elkaar te steunen. Verwen jezelf met gezond en lekker eten, een massage of een weekend weg. Deze miskraam moet een plaats krijgen in jouw geschiedenis, dat vraagt tijd en aandacht.
Hoe ga je daarna verder? Er is in principe geen bezwaar tegen om meteen opnieuw zwanger te worden na een miskraam, mits je je goed hersteld voelt. Vrouwen die echter twee of meer miskramen hebben meegemaakt, ook als zij daartussen gezonde kinderen hebben gekregen, kunnen verder onderzoek laten doen naar een mogelijke oorzaak. Vraag je huisarts om een verwijzing. Denk ook aan het slikken van foliumzuur als je opnieuw zwanger wilt worden.

FEITEN EN FABELS OVER ROKEN

- Rokende zwangeren hebben een grotere kans op ernstige complicaties tijdens de zwangerschap. Een feit: een miskraam, het vroegtijdig loslaten van de placenta en vroeggeboorte komen vaker voor bij rokende dan bij niet-rokende zwangeren.
- Stoppen met roken geeft zoveel stress dat je beter kunt minderen met sigaretten. Een fabel: van stress die relatief kort duurt, is de schadelijkheid niet bewezen, van de giftige stoffen in sigaretten wél.
- In gezinnen waar gerookt wordt, komt vaker wiegendood voor dan in rookvrije huizen. Dit klopt: Nederland heeft een van de laagste wiegendoodcijfers ter wereld sinds o.a. het advies is ingevoerd om niet te roken in ruimtes waar de baby komt.
- "Als ik rook krijg ik een kleinere baby, dus een gemakkelijkere bevalling." Feit én fabel: het geboortegewicht van een baby van een rokende moeder is gemiddeld 200 gram lager, doordat hij minder zuurstof en voedingsstoffen heeft gekregen. Een echte groeiachterstand dus. Maar hoe gemakkelijk je bevalt, hangt van veel meer factoren af dan alleen het gewicht van je baby.

Wist je dat:

- Veel vrouwen gedurende de zwangerschap een grotere schoenmaat krijgen? Dit blijft vaak zo na de zwangerschap.
- Slechts 4% van alle zwangeren bevalt op de uitgerekende datum?
- Er vroeger werd gezegd dat elk kind je een tand kostte? Dit heeft waarschijnlijk te maken met ontstoken tandvlees dat verwaarloosd werd en leidde tot beschadiging van kaakbot.
- Alcohol via de placenta in de bloedsomloop van de baby komt en daar met name de ontwikkeling van de hersenen verstoort?

CHECKLIST EERSTE TRIMESTER:

- ☑ foliumzuur en vitamine D slikken
- ☑ informatie lezen over hormoonverstorende stoffen (zie 'Zwanger worden')
- ☐ verloskundige of gynaecoloog zoeken
- ☐ oriënteren op kraamzorg
- ☐ huisarts / tandarts / werkgever informeren
- ☐ gebit laten controleren door tandarts
- ☐ ziektekostenverzekering nakijken: worden poliklinisch bevallen, prenatale onderzoeken, volledige kraamzorg en een kraampakket vergoed? (Deze zitten namelijk niet in de basisverzekering.)

ZWANGERSCHAP

ONTWIKKELING
MAAND VOOR MAAND

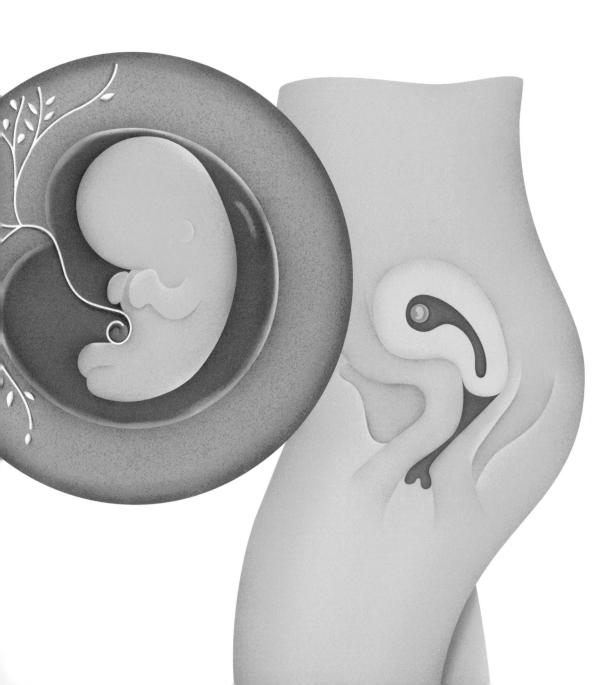

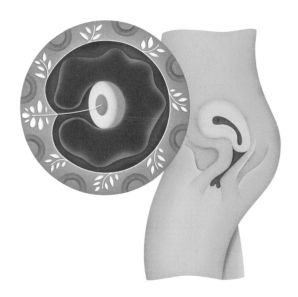

DE EERSTE MAAND

In deze maand vindt het wonder van de bevruchting plaats. Een aantal eitjes ontwikkelt zich in de eierstokken en rond de 14e dag van de cyclus komt er (meestal!) één vrij, dat wordt opgezogen door het trechtervormige uiteinde van de eileider. Als er zaadcellen klaarliggen, kan het eitje hier onmiddellijk bevrucht worden. Na de bevruchting begint de eicel zich te delen en reist via de eileiders naar de baarmoeder, die door de werking van progesteron een zachte bekleding heeft gekregen. Ongeveer tien dagen na de bevruchting is het vruchtje – dan zygote geheten – volledig ingenesteld in de baarmoederwand. Het is dan nog maar 0,2 millimeter groot en is veranderd van een klompje cellen in een met vocht gevuld blaasje. Daarin ontwikkelt zich de kiemschijf: een

rond plat schijfje waaruit een volledig mens zal groeien. De dooierzak begint zich te vormen, een ballonnetje aan een lange dunne steel dat het vruchtje lange tijd voorziet van zuurstof en voeding. Aan de buitenkant van de zygote komen een soort uitlopers die in de bloedvaten van de baarmoederwand groeien. Dit is het begin van een placenta, de voedingsbron voor het latere embryo. Terwijl er al een bloedband tussen moeder en kind is ontstaan, komt nu pas het bewijs dat je zwanger bent: de menstruatie blijft uit. Het vruchtje is inmiddels zo groot als een appelzaadje.

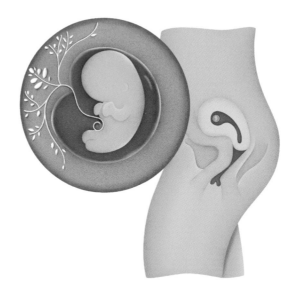

DE TWEEDE MAAND

De dooierzak verliest zijn functie; deze wordt overgenomen door de nog kleine placenta. Het vruchtje heet nu embryo en is aan het begin van deze maand 2,5 millimeter groot. Het embryo heeft een gebogen C-vorm en een lange staart. Centraal in de embryo groeit de neurale buis, die zich in deze periode sluit. Uit deze buis ontstaan het ruggenmerg en de hersenen. Het hartje, dat eerst buisvormig is, begint zich te vormen en op de juiste plaats in de borstkas te komen. Vanaf week 6 klopt het hartje al! Er wordt dan ook een begin gemaakt met de ontwikkeling van de longen, lever en maag. De armen en benen verschijnen als kleine peddeltjes; de armen ontwikkelen zich het eerst. De vingers beginnen zich te vormen, maar ze zitten nog aan elkaar met vliesjes. Een begin van de voetjes wordt zichtbaar. Het hoofdje krijgt langzamerhand menselijke trekken, maar de oogjes zitten nog ver aan de zijkanten. Ook het begin van een mondje is daar. De binnenoren worden aangelegd en later in deze maand komen de aanzetten van de oorschelpen. De hersenen zijn volop in ontwikkeling: in deze maand krijgt je baby er iedere minuut maar liefst honderd hersencellen bij! De baby kan al kleine, onwillekeurige bewegingen maken en begint met proeven. Aan het eind van deze maand is het embryo ongeveer 25 millimeter lang van hoofd tot stuitje; het hoofdje neemt de helft van deze lengte in beslag.

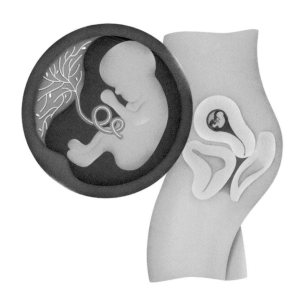

DE DERDE MAAND

Vanaf week 10 heet de baby officieel foetus; dit blijft zo tot de geboorte. De geslachtsorganen hebben zich ontwikkeld tot die van een jongen of een meisje, alleen is dit nog niet op een echo te zien. De staart is verdwenen en de foetus strekt zich uit. Hij krijgt steeds sterkere spieren en kan zijn hoofd rechtop houden. De armen en benen zijn verder uitgegroeid en de baby maakt regelmatig vloeiende duikelbewegingen, al zijn die nog niet bewust. Je baby gebruikt de baarmoederwand soms als trampoline en kan hikken, gapen en duimen. Dit alles wordt mogelijk gemaakt door het snelgroeiende zenuwstelsel: per minuut komen er gemiddeld 2,5 miljoen zenuwcellen bij! Het hoofdje krijgt steeds menselijkere trekken met een mondje, neus, oogjes en oogleden,

maar is nog erg groot. De nageltjes verschijnen aan vingers en tenen. Het hartje heeft vier kamers gekregen en de hartslag is omhooggegaan van 80 naar 150 slagen per minuut. Vanaf de 11e week plast je baby al en drinkt kleine slokjes van het (steriele) vruchtwater, dat elke drie uur wordt ververst. Alle organen zijn inmiddels gevormd en op hun definitieve plek beland. De foetus hoeft alleen nog maar verder te groeien. Aan het eind van de derde maand is je baby ongeveer 8 centimeter lang, gemeten van hoofd tot stuitje.

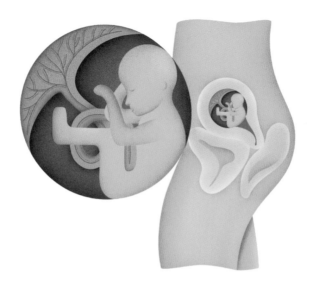

DE VIERDE MAAND

De bewegingen van de baby worden nu steeds krachtiger en zijn soms voelbaar. Het skelet was tot nu toe gevormd uit kraakbeen, maar dit wordt steeds meer bot. Alle gewrichten functioneren: je baby kan knieën, ellebogen en vingers buigen. Hij hoort nu continu jouw hartslag en darmgerommel. Vanaf week 17 kan de baby ook geluiden van buitenaf waarnemen.

De armen en benen zijn nu volledig gevormd en de beentjes zijn inmiddels langer geworden dan de armen. Op het hoofdje, dat nu een derde van de totale lengte beslaat, verschijnen wenkbrauwen en haartjes op de lip. Ook groeit er donsachtig haar (lanugo) over het hele lijfje. De huid is nog erg dun en rood, want er is nog geen onderhuids vet aangemaakt. Om de tere huid te beschermen tegen het vruchtwater wordt een laagje huidsmeer (vernix) aangemaakt.

Vanaf een week of 16 is het geslacht van je baby op een echo te zien, mits hij in een goede positie ligt. Hij maakt adembewegingen, zodat de longen gevuld worden met vruchtwater. Dit zorgt voor de verdere ontwikkeling van de longen en traint de ademhalingsspieren. Zuurstof en voedingsstoffen krijgt de baby uit bloed via de navelstreng, zijn levenslijn met de placenta. Zijn afvalstoffen worden ook via de navelstreng en placenta afgevoerd. De navelstreng bevat drie bloedvaten, die beschermd worden door een gelachtige substantie. Je baby is nu zo'n 13 centimeter lang van hoofd tot stuitje en weegt ongeveer 150 gram.

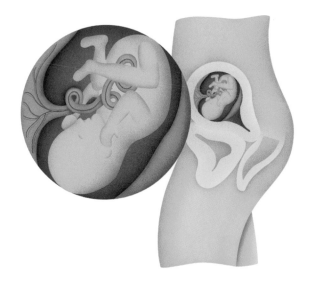

DE VIJFDE MAAND

Er vindt in deze maand een verdubbeling van lengte en gewicht plaats: van 14 naar 27 centimeter en van gemiddeld 200 naar 450 gram. Dat gewicht zit nog steeds niet in de hoeveelheid onderhuids vet, want je baby is lang en mager met een rimpelig huidje. Wel wordt er bruin vet aangemaakt; dat is na de geboorte essentieel om de baby warm te houden.

De hersenen groeien nu in een hoog tempo; deze groei gaat door tot het vijfde levensjaar van het kind. Door de snelle aanmaak van hersencellen maken reflexen plaats voor bewuste bewegingen, waardoor de baby zelf zijn positie in je buik kan kiezen. Ook kan hij reageren op (fel) licht van buitenaf en gezichten trekken, zoals fronsen of lachen.

Door de sporen van eten die in het vruchtwater terechtkomen, herkent de baby smaken; zoet heeft de voorkeur, bitter vindt hij niet lekker.

In deze tijd slaapt de baby ongeveer twintig uur per dag en is maar korte periodes wakker. Zoals veel moeders merken, hebben baby's nu nog geen dag-en-nachtritme!

Per etmaal wordt er grofweg 25 liter bloed door de navelstreng gepompt om je baby te voorzien van zuurstof en voedingsstoffen. Rond de 20e week leegt hij elke twintig tot dertig minuten zijn blaas en produceert ongeveer drie eetlepels urine per dag.

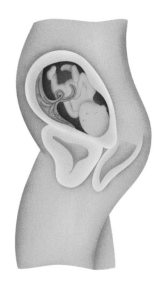

DE ZESDE MAAND

Geluiden van buitenaf, vooral lage tonen, komen nu echt goed door bij de baby. Je kunt dan proberen om contact met hem te maken door een hand op je buik te leggen; sommige baby's komen naar je hand toe. Of je geeft kleine tikjes op de buik, of praat of zingt tegen je baby. Als je regelmatig hetzelfde liedje laat horen, kan het zijn dat je baby na de geboorte ontspant door diezelfde muziek. Hij is nu volop in beweging en kan bewust een comfortabele positie kiezen. Er wordt een begin gemaakt met de ontwikkeling van longblaasjes. Dit is de plek waar na de geboorte zuurstof uit bloed wordt gehaald en koolstofdioxide wordt afgevoerd. Doordat het ademcentrum nu wordt aangestuurd door de hersenen, kan de baby in theorie zelfstandig ademen buiten de buik. Hij mist echter nog een belangrijke stof, namelijk surfactant, om de longblaasjes open te houden. Na week 28 wordt er voldoende surfactant aangemaakt om de longblaasjes goed te laten werken, maar pas na de 32e week zijn er voldoende longblaasjes om een baby genoeg zuurstof te geven. Tussen week 34 en 35 zijn de longen van de baby klaar, maar daarna gaat de groei nog lang door; bij de geboorte heeft een kind nog maar 10% van het aantal longblaasjes dat volwassenen hebben. De oogjes zijn meestal nog dicht en er zijn af en toe rapid eye movements te zien: heen en weer gaande oogbewegingen die mogelijk te maken hebben met dromen. Dit is een teken van verdere rijping van het zenuwstelsel. Ook werken de stembanden en kun je de baby voelen hikken: dit zijn kleine, regelmatige schokjes in de buik. Je baby is nog steeds lang en dun; aan het eind van deze maand rond de 34 centimeter bij een gewicht van ongeveer 900 gram.

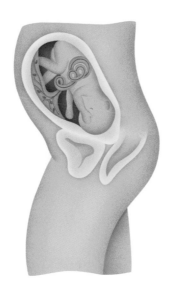

DE ZEVENDE MAAND

Het gezichtje wordt steeds verfijnder, de wimpers en wenkbrauwen zijn gevormd en de oogjes kunnen open en dicht. Je baby kan fel licht waarnemen van buitenaf en sluit dan zijn ogen. De aanmaak van onderhuids vet begint, waardoor rimpels worden gladgestreken en de huid minder rood ziet. De baby krijgt meer spierkracht en alle botten worden steeds steviger. Als hij flinkt trappelt, kan dit pijnlijk zijn voor jou en zelfs beurse plekken aan de binnenkant van je buik opleveren. Vanaf deze maand gaat de lengtegroei wat trager dan in de eerste zes maanden en neemt het gewicht relatief sneller toe; aan het eind van deze maand meet de baby zo'n 39 centimeter en weegt hij ongeveer 1700 gram. De baarmoeder wordt voor je baby te krap om nog uitgestrekt in te staan. De meeste baby's liggen aan het eind van deze maand met opgetrokken beentjes voor zich en de armpjes gebogen voor het lichaam. Langzamerhand worden er antistoffen uit jouw bloed gehaald; zo legt de baby de eerste bouwstenen voor zijn immuunsysteem. Deze worden na de geboorte verder aangevuld met de antistoffen die hij via moedermelk krijgt. Zo is hij de eerste maanden beschermd tegen een aantal infectieziekten. Ook ontwikkelt hij een dag-en-nachtritme, doordat hij het hormoon melatonine via jouw placenta binnenkrijgt.

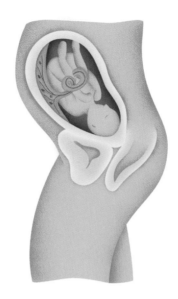

DE ACHTSTE MAAND

Veel baby's liggen nu al in hoofdligging, dat wil zeggen met hun hoofd naar beneden, en kunnen om hun lengteas draaien.

Sommige baby's zijn zo actief of hebben zoveel ruimte in de baarmoeder dat zij ook nog van hoofd- naar stuitligging draaien. Dit gaat gemakkelijker bij vrouwen die al eens een baby hebben gehad.

Doordat de baarmoeder steeds meer gevuld is, worden de kindsbewegingen steeds subtieler.

Je baby's hoofdje of billetjes kunnen bij jou tot aan je ribben komen en flink in de weg zitten, zeker als je niet helemaal rechtop zit.

Vanaf deze maand komt er wekelijks ongeveer 200 gram in gewicht bij en de verschillen in gewicht tussen ba-by's onderling worden nu groter. Een baby die bij de geboorte het gemiddelde gewicht van 3500 gram heeft, zal in deze periode 44-45 centimeter lang zijn en rond de 2400 gram wegen.

De baby was tot nu toe helemaal bedekt met fijne donshaartjes en een laagje huidsmeer, maar dit verdwijnt geleidelijk in de komende periode. Het hartritme is iets langzamer geworden, zo tussen de 110 en 150 slagen per minuut; dit blijft zo tot aan de geboorte.

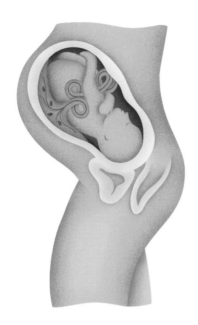

DE NEGENDE MAAND

De laatste groeispurt wordt ingezet: van 2600 naar 3500 gram en van 45 naar 50 centimeter. De meeste baby's zijn nu een stukje in het bekken gezakt, oftewel ingedaald. Maar sommigen dalen pas tijdens de bevalling in, nadat de weeën zijn begonnen. De hoeveelheid vruchtwater zal in deze maand afnemen en is bij de geboorte meestal tussen de 500 en 1000 milliliter. Er kunnen kleine vlokjes vernix ronddrijven in het heldere vruchtwater.

Vanaf week 37 is je baby officieel 'à terme', dat wil zeggen klaar om geboren te worden. Ook dan bestaan er grote verschillen tussen baby's: sommige kinderen groeien nog volop door na die 37 weken en zijn pas bij 42 weken klaar voor de buitenwereld, andere baby's worden al bij 37 weken geboren. Na de 42 weken wordt de bevalling doorgaans ingeleid (zie ook het hoofdstuk Derde trimester). Een ingewikkeld samenspel van hormonen, afkomstig van zowel moeder als baby, zorgt ervoor dat de bevalling op gang komt. Het begin daarvan is vaker 's nachts dan overdag, omdat jouw adrenalinepeil dan lager is. Adrenaline remt de werking van oxytocine, het hormoon dat weeën opwekt.

ZWANGERSCHAP

TWEEDE TRIMESTER
(WEEK 14-27)

Na die turbulente eerste drie maanden, waarin je hormonen de regie over je lichaam hadden, is nu een rustiger periode aangebroken. De meeste – maar helaas niet alle – zwangeren hebben langzamerhand wat minder last van misselijkheid en krijgen weer wat meer energie. Een mooie periode van de zwangerschap is aangebroken; je bent zichtbaar zwanger, maar hebt nog geen heel zware buik die in de weg zit. Bovendien komt in deze periode het moment waar je waarschijnlijk lang naar hebt uitgekeken: de eerste voelbare bewegingen van je baby!

Verdeling van totale gewichtstoename:
baby 3500 g
baarmoeder 1000 g
bloed 1200 g
borsten 400 g
vruchtwater 800 g
placenta 700 g
overig gewicht: vet & vocht

Als dit je eerste zwangerschap is, komt dat moment doorgaans tussen de 18 en 22 weken. Iets later is ook heel normaal. Als je al eens zwanger bent geweest, kun je al 'leven' voelen vanaf een week of 15. Hoeveel en hoe vaak je bewegingen voelt, verschilt per kind; de ene baby is veel beweeglijker dan de andere. Ook de plek waar je placenta zit heeft invloed: als de placenta aan jouw buikkant zit, dempt dit als het ware de bewegingen van de baby en voel je die wat minder.

Wellicht merk je dat je de ene week veel energieker bent dan de andere; dat heeft alles te maken met groeispurten van de baby. Vaak voel je tijdens zo'n groeispurt je buik meer op spanning staan of heb je meer last van bandenpijn. Dat trekt weer weg zodra je huid en banden zijn meegerekt met je grotere buikinhoud. Als dat groeien snel of heel plotseling gaat, krijgen sommige vrouwen striae: ontsierende rode strepen op buik, bovenbenen of borsten. Striae zijn simpelweg de zichtbare tekenen van gescheurd bindweefsel, een weefsellaag die zich onder de huid bevindt. Smeren met olie of crèmes om striae te voorkomen heeft geen zin, die komen namelijk niet dieper dan de huid. Vaak is het echter voor je huid wel fijn om een olie of lotion te gebruiken, omdat de huid kan jeuken. Zwangerschapsstrepen ontstaan vaker bij jongere vrouwen dan bij oudere, waarschijnlijk doordat bij die laatste groep het bindweefsel al wat slapper is. Striae verdwijnen helaas niet na de zwangerschap, maar worden langzaamaan wel lichter van kleur en kleiner.

Het tweede trimester is dus een periode van groei, letterlijk: je buik neemt in omvang toe en er komen wat kilo's bij. Hoeveel kilo's dat zijn, varieert enorm tussen zwangeren; het kunnen er vijf zijn, maar ook twintig! Dat kan komen door een grote of juist kleine eetlust, maar je gewichtstoename is ook genetisch bepaald. Sommigen voelen zich heerlijk met al die nieuwe rondingen, terwijl anderen met lede ogen aanzien hoe hun figuur verdwijnt. Maar hoe je er ook in zit, je krijgt én houdt je baby en jezelf in optimale conditie als je regelmatig beweegt, gevarieerd en gezond eet, op tijd naar bed gaat en veel water drinkt. Dat zijn een paar factoren die je zelf in de hand hebt, de rest doet Moeder Natuur voor je.

Die extra kilo's betekenen meer belasting voor je (onder)rug en bekken. Veel zwangeren krijgen in het tweede of derde trimester last van een pijnlijke rug of bekkenpijn. Een goede balans tussen beweging en rust is dan belangrijk. Het is namelijk gebleken dat door alleen rust de klachten vaak verergeren, waarschijnlijk doordat je spieren dan te veel verslappen. Daarom blijft het van belang om je rompspieren en je bekkenbodem te trainen op stabiliteit en kracht. Die oefeningen zie je terug in het hoofdstuk Sport. In het dagelijks leven is het prettig om bij deze klachten een stevige bekkenband of ondersteunend ondergoed te dragen.

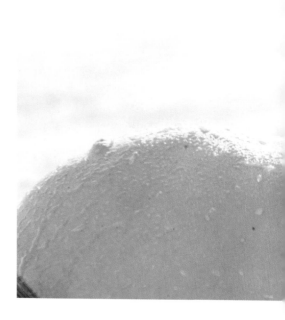

HUID EN HAAR

Wat heel veel shampoos niet voor elkaar krijgen, lukt je zwangerschapshormonen vaak wel: veel vrouwen krijgen een vollere bos haar tijdens de zwangerschap. Ook groeien er vaak haartjes op je onderbuik en gezicht. Veel zwangeren vertellen dat hun haar beter of slechter 'zit', dat hun krullen verdwij-

nen of dat ze die juist krijgen. Het is inderdaad bewezen dat je haar tijdens de zwangerschap langer in de groeifase blijft dan anders en in deze fase valt het niet uit. Dat fenomeen verdwijnt weer na de bevalling, waardoor veel vrouwen het idee krijgen dat ze haaruitval hebben. In feite gaat het alleen

om uitval van dat 'extra' haar en is het niet iets om je zorgen over te maken. De betere doorbloeding van je huid in combinatie met vocht vasthouden, kan je huid een voller en glanzender aanzien geven, en je gezicht een gezonde blos. Maar helaas krijgen sommige zwangeren een vettere huid met meer

pukkeltjes en vlekken. In de zon kan met name je gezicht vlekkerig bruin worden, het zogenaamde zwanger- schapsmasker. Blijf daarom zoveel mo- gelijk in de schaduw en gebruik crème met een hoge beschermingsfactor.

SEKS TIJDENS DE ZWANGERSCHAP

Zoals je al zag in de energiecirkel spelen veel factoren een rol bij je gezondheid en je gevoel van welzijn. Met een hor- moonhuishouding die op haar kop is gezet, is het niet verwonderlijk dat veel vrouwen tijdens hun zwangerschap

zich ook op seksueel gebied anders voe- len. Je lichaam is continu aan het ver- anderen en dat kun je ervaren als meer of minder aantrekkelijk. Van blijdschap over eindelijk een decolleté hebben tot het gevoel een michelinmannetje te worden, alles komt voor. Dit gevoel heeft zijn weerslag op hoe aantrekke- lijk jij je voelt voor je partner en hoe- veel zin je hebt om te vrijen. Je libido wordt natuurlijk sterk beïnvloed door hormonen en door de mate waarin je last hebt van zwangerschapsklachten. Over het algemeen kun je stellen dat veel zwangeren de eerste drie maan- den geen puf hebben om zelfs maar aan seks te denken. In het midden van de zwangerschap komt dat vaak weer terug, en bij sommige vrouwen nog veel sterker dan buiten hun zwangerschap. Alles in je lichaam, dus ook borsten, schaamlippen en clitoris, is namelijk beter doorbloed. Daardoor is het voor sommige vrouwen gemakkelijker om opgewonden te raken en een orgasme te krijgen. Tijdens dat orgasme trekken de baarmoederspier en bekkenbodemspieren samen. De baarmoeder blijft soms nog even hard, je voelt dat als een 'harde buik'. Dat is niet schadelijk voor jou en de baby en trekt vanzelf weer weg. Verder komt het soms voor dat de baarmoedermond een beetje bloedt na contact met de penis. Als zo'n contactbloeding voor het eerst gebeurt, kun je best schrikken, maar ook dit fenomeen kan geen kwaad. Je hoeft het vrijen er dan ook niet voor te laten.

In het derde trimester kan het zijn dat je meer in jezelf gekeerd raakt en je minder flexibel voelt vanwege die dikke buik. Of dat je door slaapgebrek en andere zwangerschapsklachten geen zin meer hebt om te vrijen. Maar ook in die periode komt er veel variatie voor tussen zwangeren! Mocht alle lust je vergaan zijn, probeer dan op andere manieren een intieme relatie te onderhouden met je partner en maak het vooral bespreekbaar.

Voor partners verandert er ook veel tijdens de zwangerschap, wat effect kan hebben op hun libido. Mannen zijn soms bang om de baby te 'raken' of de bevalling op gang te brengen door seks, of ze generen zich omdat de baby 'erbij' is. Maar anderen vinden dat groeiende lichaam juist opwindend en hebben meer zin in vrijen.

Voor alle duidelijkheid: seks mag tijdens de gehele zwangerschap tot aan de bevalling, en kan alleen de bevalling opwekken als je toch al op het punt staat om weeën te krijgen. Verder schaad je de baby niet en maakt hij het uiteraard niet bewust mee. Alleen bij bloedverlies, gebroken vliezen of een voorliggende placenta kun je het advies krijgen (tijdelijk) geen gemeenschap te hebben.

VEELVOORKOMENDE KLACHTEN EN KWAALTJES

Als je een van de gelukkigen bent die nergens last van heeft, mag je dit gedeelte rustig overslaan. Voor de anderen volgt hier een overzicht van de kwaaltjes die nu en in het derde trimester veel voorkomen.

Maagzuur

Een branderige pijn rond je borstbeen, boven in je buik of soms zelfs tussen je schouderbladen: het kunnen tekenen zijn van brandend maagzuur. Maar liefst 60% van alle zwangeren heeft er in meer of mindere mate last van. De kringspier die je maag afsluit van je slokdarm is wat verslapt, waardoor er maagzuur terecht kan komen in je slokdarm; dit ervaar je als een branderig gevoel. Bovendien duwt je groeiende baarmoeder je hele buikinhoud omhoog.

Er zijn heel wat tips om maagzuur te verminderen of te voorkomen. Probeer het volgende eens:

- Verdeel je maaltijden goed over de dag, zodat je geen heel volle maag krijgt. Eet liever zes kleine porties dan drie grote maaltijden. Overigens heb je ook bij een lege maag eerder last van maagzuur.
- Neem de tijd voor elke maaltijd en kauw goed.
- Vermijd vet, pittig en kruidig voedsel. Ook chocolade, tomaten, pepermunt, cafeïne en koolzuurhoudende dranken kunnen maagzuur veroorzaken.
- Laat 'zuur' eten, zoals citrusvruchten en vruchtensappen, zoveel mogelijk staan.
- Verhoog het hoofdeinde van je bed iets, bijvoorbeeld door een opgevouwen handdoek onder je matras te leggen. Zo lig je wat schuiner in bed.
- Vanillevla en warme melk geven tijdelijk verlichting als je al maagzuur hebt.
- Als niets meer helpt, zijn er medicijnen verkrijgbaar tegen maagzuur; gebruik deze alleen in overleg met je verloskundige of (huis) arts.

Kuitkrampen

Vooral 's nachts komen pijnlijke kuitkrampen bij menig zwangere voor, meestal vanaf het tweede trimester. Je voelt een plotselinge, felle pijn, waarbij een gedeelte van je kuit hard wordt.

'Tegenstrekken', dat wil zeggen: je tenen naar je toe trekken (of staand je kuit strekken terwijl je voorover tegen de muur leunt), is het enige wat je op dat moment kunt doen totdat de kramp wegtrekt. Het is niet helemaal duidelijk waarom de een wel kuitkrampen krijgt en de ander niet. Wel is er een aantal vermoedelijke oorzaken gevonden. Deze krampen zouden vooral voorkomen als de doorbloeding in de benen verstoord is. Door de zwaarder wordende baarmoeder kan de heen- en terugstroom van bloed in de grote vaten naar je benen niet optimaal zijn. Ook zou een tekort aan vocht of magnesium kuitkrampen in de hand werken. Vandaar de volgende adviezen:

- Als je graag op je zij slaapt, is je linkerzij beter dan je rechterzij. Het gewicht van de baarmoeder rust dan minder op de grote bloedvaten naar je benen.
- Let erop dat je niet met je benen over elkaar zit.
- Draai overdag regelmatig cirkeltjes met je voeten en strek je kuitspieren om de doorbloeding te bevorderen.
- Drink veel water, echt twee liter per dag. Minder het drinken ongeveer twee uur voor je naar bed gaat, anders moet je weer zo vaak je bed uit voor toiletbezoeken.
- Een warm bad of een kuitmassage laat de spieren goed ontspannen.
- Vermijd het dragen van hoge hakken (ook ter voorkoming van rug- en bekkenpijn).
- Gebruik magnesiumrijke voeding. Magnesium komt voor in bruin-

brood en roggebrood, (donker) groene bladgroente, bananen, abrikozen en allerlei noten en zaden. Magnesiumpillen bestaan ook, maar gebruik die alleen in overleg met je verloskundige of gynaecoloog.

Radmilo heeft speciale oefeningen voor zwangeren ontwikkeld waarmee je ook je kuit- en beenspieren traint; zie hiervoor het hoofdstuk over sport.

Spataderen

De baarmoeder groeit en wordt zwaarder, waardoor de terugstroom van bloed uit je benen en bekken naar je hart moeizamer gaat. De druk in de beenvaten neemt toe en in combinatie met de slappere wanden van je bloedvaten kan dit leiden tot spataderen. Dit zijn in feite verwijde bloedvaten die aan de huidoppervlakte zichtbaar zijn als blauwe kronkels. Bij veel zwangere vrouwen komen spataderen voor in de benen, maar ook op de schaamlippen zijn ze niet ongewoon. Kleine spataderen zijn weliswaar niet mooi, maar geven vaak geen ongemak. Veel en grotere spataderen geven soms een zwaar, pijnlijk en jeukend gevoel. Een echte remedie tegen spataderen is er niet voor zwangeren. Bij de meeste vrouwen trekken ze binnen een aantal maanden na de bevalling weg, doordat de vaatwanden weer steviger worden. Zodra ze er zijn, kun je niet veel anders doen dan tegendruk geven. Dat betekent stevige (steun)kousen dragen

als je spataderen in je onderbenen hebt. Steunkousen hebben het meeste effect als je ze meteen 's ochtends aantrekt, nog voordat je in beweging komt. Om de bloedsomloop te bevorderen, gelden dezelfde adviezen als bij kuitkrampen: cirkeltjes draaien en niet met je benen over elkaar zitten. Leg als je zit je benen ook even omhoog; zo help je de terugstroom van het bloed naar je hart.

Als je werk hebt waarbij je lang in één positie zit of staat, kun je overwegen om preventief stevige kousen te dragen. Let er dan extra op dat je varieert met je bewegingen, dus bij zittend werk regelmatig even lopen en vice versa. De ervaring leert namelijk dat ook hier voorkomen beter is dan genezen.

Duizeligheid en bloedarmoede

Periodes van duizeligheid komen regelmatig voor bij zwangere vrouwen en ze zijn helaas niet altijd te verklaren. Wel is het bekend dat rond de 20-22 weken de zogenaamde mid-pregnancy drop plaatsvindt die voor draaierigheid kan zorgen. Dit is een lage bloeddruk als gevolg van het zich uitbreidende vaatbed, terwijl er nog niet voldoende bloed is aangemaakt om die bloedvaten te vullen. Sowieso kan een lage bloeddruk voor duizeligheid zorgen, net als bloedarmoede (anemie). Tijdens de controles wordt altijd je bloeddruk gemeten en meestal twee keer in de zwanger-

Wist je dat:

- Er in sommige culturen wordt geloofd dat je in verwachting bent van een meisje als je veel haartjes op je onderbuik hebt gekregen?
- Jouw gewichtstoename niets zegt over hoe zwaar je baby wordt?
- Een beweeglijke baby in de buik later niet per se een druk kind wordt?
- Kraamverzorgsters vroeger 'bakers' werden genoemd, naar 'inbakeren', het strak inwikkelen van baby's in een doek?
- Er al sinds 1899 in Nederland een officiële opleiding is voor kraamverzorgsters?
- Er door het CBS berekend is dat een eerste kind zo'n 17% van het gezinsinkomen kost?

schap je ijzergehalte. Vraag gerust of er extra gekeken kan worden naar je ijzergehalte als je denkt dat je last hebt van bloedarmoede. Andere klachten die daarop kunnen wijzen, zijn: vermoeidheid, weinig eetlust, oorsuizen, hartkloppingen en bleek zien.

Koortslip en kinderziekten

Een koortslip wordt veroorzaakt door een herpesvirus. Rond de lippen ontstaan met vocht gevulde blaasjes die pijnlijk branden. Van alle Nederlanders zou 50-70% drager zijn van dit virus, dat levenslang bij je blijft. Een koortslip kan geen kwaad zolang je baby nog veilig in je buik zit, maar wel voor pasgeboren baby's. Het vocht in de blaasjes is erg besmettelijk: je kunt een koortslip krijgen door zoenen met een besmet

persoon, maar ook door bestek of een glas te delen. Hetzelfde virus kan genitale herpes veroorzaken; vermijd dus orale seks als een van jullie een koortslip heeft.

Met kinderziekten kom je als zwangere vooral in aanraking als je met kinderen werkt of als je zelf al kinderen hebt. Probeer de plekken te vermijden waar kinderziekten als waterpokken of de vijfde ziekte heersen. Deze ziekten kunnen namelijk gevolgen hebben voor de baby als jij deze oploopt. Mocht je koorts of uitslag krijgen, neem dan contact op met je (huis)arts of verloskundige. Goede handenhygiëne is extra belangrijk gedurende de zwangerschap, bij bijvoorbeeld het bereiden van eten en het verschonen van je andere kind.

Vergeetachtigheid

Heb je af en toe het idee dat je brein een gatenkaas is geworden? Je bent niet de enige: veel zwangere vrouwen klagen dat ze moeilijk dingen onthouden en dromerig zijn. Onderzoeken spreken elkaar tegen of hier een duidelijke hormonale reden voor is, of dat het verleggen van je focus en misschien slaapgebrek een rol spelen. Het is in ieder geval lastig. Lijstjes maken en je agenda goed bijhouden lijken de enige remedies totdat je bevallen bent. Want het gaat gelukkig weer over.

REGELZAKEN

- In deze periode is het praktisch om je in te schrijven bij een kraambureau voor de acht dagen kraamzorg die je krijgt na de bevalling. Kraamzorg is een uniek Nederlands fenomeen en bestaat al eeuwen. De kraamverzorgende van nu leert jou en je partner alles over de verzorging van je baby en weet veel over borstvoeding. Verder doet zij de medische controles bij jou en de baby, en ze helpt met licht huishoudelijk werk. Een goede kraamhulp is voor veel vrouwen onontbeerlijk gebleken in de eerste week na de bevalling.
- Als je niet getrouwd bent, noch een geregistreerd partnerschap hebt, zijn er twee zaken anders dan voor getrouwde stellen: je partner wordt voor de wet niet automatisch gezien als de vader of moeder van de baby én heeft officieel geen gezag over jullie kind. Mocht je dit anders willen, dan kan dat door tijdens de zwangerschap erkenning te regelen en na de bevalling gezag aan te vragen. Vraag bij je gemeente verdere informatie of kijk op rijksoverheid.nl.
- Dezelfde website is ook handig als je je wilt verdiepen in (de kosten van) kinderopvang. Ga je een oppas regelen binnen je familie of vriendenkring? Of kies je voor een kinderdagverblijf of officiële gastouder? Je hebt nu nog ruim de tijd om hierover na te denken en dit te regelen.
- Overweeg je een zwangeschapscursus te volgen? Dan is nu een mooie periode aangebroken om je hierop te oriënteren. Cursussen zijn er in alle vormen en maten: kort of lang, gericht op bijvoorbeeld informatie of ontspanning. Een cursus is niet noodzakelijk om 'goed' te bevallen, wel begin je dan goed geïnformeerd aan de bevalling. En je hebt een gezellig wekelijks uur waarin je, vaak met andere zwangeren, de tijd hebt om je te focussen op je zwangerschap, bevalling en kraamtijd.

CHECKLIST:

- ☑ inschrijven kraambureau
- ☑ kraampakket kopen/aanvragen
- ☑ oriënteren op kinderopvang
- ☑ erkenning regelen
- ☑ zwangerschapscursus

DERDE TRIMESTER

(WEEK 27-40)

De laatste drie maanden van je zwangerschap. Voor de een vliegen deze voorbij, voor een ander zijn het zware laatste loodjes. Je buik wordt steeds dikker, en misschien je enkels ook! De bevalling en de periode erna komen steeds dichterbij en gaan je meer en meer bezighouden. Als je werkt, gaat je verlof rond de 35 weken in. De laatste regelzaken moeten afgehandeld worden, alle spulletjes voor de baby komen zo langzamerhand in huis. En misschien heb je zin in een laatste vakantie met zijn tweeën?

WAT GEBEURT ER LICHAMELIJK?

Vanaf een week of 30 groeit je baby relatief meer in gewicht dan in lengte. Je verwacht dus vast dat jijzelf ook veel aankomt in dit laatste trimester. Gek genoeg is dat niet altijd zo: vrouwen die in de eerste helft van de zwangerschap veel zijn aangekomen, krijgen nu minder gewicht erbij en andersom. In de illustratie op pagina 63 zie je dat het gewicht van de baby slechts een deel is van je totale gewichtstoename.

Veel zwangeren houden in deze periode vocht vast (oedeem), meestal in de polsen, handen, benen en enkels. Dat vocht draagt uiteraard bij aan je gewichtstoename, maar verdwijnt snel in de eerste twee weken na de

Patricia *(31, twee dochters van 3 jaar en 6 maanden)*

"Bij mijn tweede zwangerschap kreeg ik na een maand of 6 tintelende, soms gevoelloze vingers. Eerst alleen 's ochtends, later ook overdag. Op het laatst kon ik bijna mijn eigen haar niet meer wassen. Het voelde heel vervelend en het was ongelooflijk onhandig. Het bleek te gaan om het carpale tunnelsyndroom, vocht in mijn polsen dat de zenuwen afknelde. Ik kreeg een heel grappige tip om het te verlichten, namelijk 's nachts polsbeschermers dragen. Gewoon die van een sportwinkel. Dat hielp een beetje, maar pas een paar maanden na de bevalling was het helemaal weg."

bevalling. Geen paniek dus als je veel aankomt door oedeem. Voldoende water drinken, op je linkerzij slapen en beweging helpen je lichaam om het vocht zoveel mogelijk af te voeren. Als je dikke benen en voeten hebt, is het fijn om het voeteneinde van je bed iets te verhogen. Oedeem is lastig en soms pijnlijk, maar in principe onschuldig zolang je bloeddruk normaal blijft.

Je borsten zijn waarschijnlijk gegroeid en gevoeliger geworden. Vaak is de tepelhof donkerder en groter geworden. Op de tepelhof liggen kleine bultjes, de klieren van Montgomery, die nu mogelijk opvallender zijn dan anders. Deze klieren scheiden talg af die de huid soepel houdt. Zie je af en toe vocht uit je tepels komen? Dit is heel normaal, je borsten beginnen namelijk met de aanmaak van de eerste melk. Lang niet alle vrouwen hebben dit echter al voor de bevalling.

De bewegingen van je baby kunnen gaandeweg wat subtieler worden, hij krijgt immers steeds minder ruimte in de buik. Daardoor voel je eerder schuivende bewegingen en uitstekende ellebogen, voeten en schouders dan het enthousiaste rondtuimelen van eerder. Maar ieder kind heeft zijn eigen bewegingspatroon en de ene baby is veel actiever dan de andere. Het is belangrijk dat je elke dag je baby een aantal keer voelt, en dat die bewegingen niet plotseling een stuk minder vaak voorkomen dan voorheen. Mocht je daar twijfels over heb-

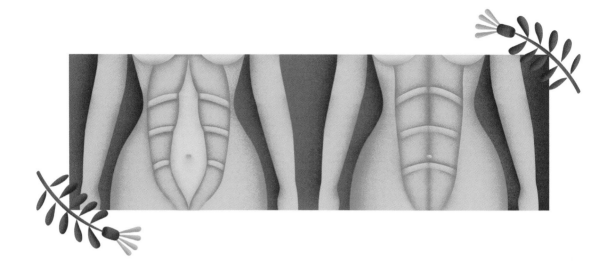

De rechte buikspieren maken plaats voor de baby

ben, neem dan contact op met degene die je zwangerschap begeleidt.

Harde buiken kunnen in de laatste weken toenemen. Je baarmoederspier trekt samen als oefening voor de weeën, waarna je buik even als een keiharde bal aanvoelt. De bewegingen van je baby voel je op zo'n moment niet. Een harde buik is in principe pijnloos. Als die harde buiken wat langer duren en pijnlijk worden, noem je ze voorweeën. Het feit dat je tegen het einde van de zwangerschap meer van deze contracties krijgt, komt door de afname van de hoeveelheid progesteron. Dit hormoon heb je gedurende de hele zwangerschap volop in je lichaam zitten. Het zorgt er onder andere voor dat de baarmoederspier niet voortijdig samentrekt. Zodra de progesteronaanmaak vermindert, krijgt een ander hormoon,

prostaglandine, de kans om zijn werk te doen: de baarmoeder laten samentrekken en je baarmoedermond zachter maken. Dit alles ter voorbereiding op de bevalling.

Als je veel harde buiken hebt na inspanning, kan dat een teken zijn dat je het rustiger aan moet doen. Ook kunnen frequente harde buiken een symptoom zijn van een blaasontsteking (zie 'Eerste trimester'). Rusten en een warme kruik tegen je buik doen vaak wonderen bij harde buiken en voorweeën.

Je merkt misschien dat hoe verder je zwangerschap vordert, hoe minder interesse je hebt in de dingen die om je heen gebeuren. Het nieuws, familiezaken, roddels van je werk, het lijkt allemaal wat minder belangrijk. Je wordt misschien dromeriger en focus je steeds meer op jezelf. Dit is iets

wat veel zwangeren ondervinden en wat ook nuttig is: je concentreert je zo op wat écht belangrijk is voor jou op dit moment, namelijk jezelf voorbereiden op de bevalling en op het ouderschap. Dit is een goede periode om je te verdiepen in onderwerpen als borstvoeding, pijnstilling bij de bevalling en het geboorteplan.

BORSTVOEDING

Borstvoeding is zonder enige twijfel de beste voeding die er is voor baby's en peuters. Ook fabrikanten van flesvoeding weten dit; zij onderzoeken continu hoe zij borstvoeding het beste kunnen nabootsen. Dit is echter onmogelijk, aangezien moedermelk precies is aangepast aan de behoeften van jouw kind op een bepaald moment. Zo is moedermelk voor een te vroeg geboren kind extra geconcentreerd en vet, net als de eerste moedermelk (colostrum). Verder bestaat moedermelk voor een groot deel uit antistoffen die niet kunstmatig zijn na te maken. Die antistoffen zorgen ervoor dat borstgevoede kinderen minder vaak ziek zijn en minder vaak in een ziekenhuis worden opgenomen. Eczeem, luchtwegaandoeningen als astma, oorontstekingen en later overgewicht, diabetes, chronische darmziekten en zelfs leukemie komen minder vaak voor bij kinderen die borstvoeding krijgen. En wist je dat het zelfs bewezen is dat kinderen door borstvoeding een iets hoger IQ krijgen?

Ook voor jou als moeder heeft borstvoeding voordelen. Afgezien van het feit dat het ongelooflijk bevredigend is om je kind te zien groeien op gezonde voeding die door jou is gemaakt, vermindert borstvoeding het bloedverlies na de bevalling en laat je baarmoeder sneller naar zijn oorspronkelijke grootte krimpen. Ook kom je weer sneller op gewicht. Borstvoeding kost per dag ongeveer 500 extra calorieën; dat komt gedeeltelijk van het extra vet dat je hebt opgeslagen tijdens de zwangerschap. Bij langdurige borstvoeding (hoe langer, hoe beter) loop je als vrouw aanzienlijk minder kans op het krijgen van borstkanker en waarschijnlijk ook op eierstokkanker en diabetes.

Borstvoeding is dus gezond, uniek en niet na te maken. Maar heeft het nu alleen maar voordelen? Puur fysiek gezien wel. Wat sommige vrouwen als nadelig ervaren, is dat de baby van hen afhankelijk is, of ze vinden borstvoeden in het openbaar ongemakkelijk.

Bedenk wat voor jou en je baby het belangrijkste is en weeg de voor- en nadelen tegen elkaar af. Als je borstvoeding wilt geven, is het verstandig om je hierop voor te bereiden. Dat kan door erover te lezen of een korte cursus te volgen. Uit onderzoek blijkt dat bij een goede voorbereiding de borstvoeding een grotere kans van slagen heeft en dat vrouwen hun baby langer moedermelk geven. Ook helpt het enorm als je partner het belang van borstvoeding inziet, zodat hij of zij je steunt als het niet van een leien dakje gaat. Partners zijn trouwens zeker niet uitgesloten van voedingen geven; het is juist een goed idee om na een paar weken regelmatig een flesje afgekolfde melk te geven. Zo laat je de baby vast aan de fles wennen voor als jij weer gaat werken of als je gewoon even weg wilt.

GEBOORTEPLAN

Een relatief nieuw fenomeen in Nederland, dat is overgewaaid uit Engelstalige landen, is het geboorteplan. Dit is een overzicht van jouw wensen en voorkeuren voor de bevalling. Je kunt dan denken aan de plaats waar je wilt bevallen, wie je erbij wilt hebben, of je pijnstilling zou willen en zo ja, welke. Je kunt het plan heel eenvoudig of juist heel gedetailleerd maken. Vervolgens bespreek je tussen de 30 en 35 weken je voorkeuren met je verloskundige of gynaecoloog. Zij kunnen je vertellen in hoeverre jouw wensen haalbaar zijn. Een kopie van je geboorteplan wordt aan je dossier toegevoegd, zodat iedereen die jou gaat begeleiden het kan inzien. Je hebt zelf namelijk tijdens de bevalling vaak geen tijd om alles te vertellen, omdat je bezig bent met weeën opvangen. Op deverloskundige.nl zie je meer suggesties voor de inhoud van je geboorteplan.

PIJNSTILLING

Enorm veel vrouwen zien op tegen de pijn waar een bevalling mee gepaard gaat. Dat is echt niet iets om je voor te schamen. Realiseer je echter dat een vrouwenlichaam krachtig is en deze pijn aankan, anders zouden er niet zoveel mensen op aarde zijn. In het hoofdstuk Bevalling zie je hoe je zelf op een natuurlijke manier het beste met pijn kunt omgaan. Steun van je omgeving, warmte, een massage en een positieve instelling zijn onmisbaar voor een goede bevalling. Maar mocht je wat meer nodig hebben, dan zijn er een paar hulpmiddelen die je thuis kunt gebruiken om de pijn te verzachten:

TENS

Dit is een klein apparaatje dat via elektrodenstickers op je rug kleine elektrische impulsen afgeeft. Deze stroomstootjes onderbreken de pijnprikkel die van je hersenen naar je onderlichaam loopt. De pijn verdwijnt niet helemaal, maar kan verlicht worden. Vrouwen zijn verdeeld over het pijnstillende effect van TENS: de een zweert erbij, de ander voelt geen effect. Het apparaatje is te huur en bij sommige verloskundigenpraktijken kun je er een lenen.

Hypnotherapie

Deze therapie doe je vóór de bevalling bij een hypnotherapeute. Je leert in een aantal sessies om jezelf in zo'n diepe staat van ontspanning te brengen dat je de weeën als minder pijnlijk ervaart. Er is niets zweverigs aan hypnotherapie: je maakt de bevalling bewust mee en kunt je deze achteraf herinneren.

Steriel-waterinjecties

Sommige verloskundigen zijn opge-
leid om steriel-waterinjecties te geven. Vooral bij pijnlijke rugweeën
zouden deze gedurende een of twee
uur verlichting kunnen bieden. Vier
injecties met een kleine hoeveelheid
steriel water worden vlak onder de
huid van de onderrug gegeven. De
behandeling heeft geen bijwerkingen en mag thuis worden toegepast.

Soms lukt het thuis niet om de pijn
voldoende te verlichten. Dan is het
geruststellend om te weten dat er
medicamenteuze pijnstilling bestaat.
Deze wordt altijd in het ziekenhuis
gegeven, omdat jouw conditie en die
van je baby goed in de gaten moeten
worden gehouden. Je bevalling wordt
vanaf dat moment officieel een medische bevalling, die begeleid wordt
door de verloskundige en/of gynaecoloog van het ziekenhuis. In Nederland
– maar niet in elk ziekenhuis – zijn
vier soorten pijnstilling beschikbaar:

Pethidine

Pethidine is een stof die verwant is
aan morfine en die met een injectie
in de spieren wordt gegeven. Na een
half uur geeft het een ontspannend,
versuffend effect. Sommige vrouwen
dommelen dan even weg tussen de
weeën door. Pethidine wordt meestal
aan het begin van de ontsluiting gegeven. Ongeveer een op de drie vrouwen is tevreden over het pijnstillende
effect van pethidine.

Remifentanil

Deze stof krijg je via een infuus, waarna je de toediening zelf bepaalt met een pompje. Het is niet mogelijk om jezelf te veel te geven. Remifentanil werkt zeer snel en haalt de scherpe kantjes van de pijn. Als de stof een aantal uur achter elkaar gebruikt wordt, kan de werking ervan minder worden. Daarom is Remifentanil met name geschikt voor de laatste paar centimeters ontsluiting.

Lachgas

Lachgas is relatief nieuw in Nederland en nog niet overal beschikbaar. De conditie van moeder en kind hoeft niet continu in de gaten gehouden te worden en daarom wordt lachgas in sommige geboortecentra gebruikt. Je dient het gas zelf toe met een kapje dat je over je mond en neus plaatst. Binnen een minuut voel je de pijnverlichtende werking. Het gas is snel uitgewerkt en heeft relatief weinig bijwerkingen.

Ruggenprik

De sterkste vorm van pijnbestrijding is de ruggenprik. Als deze goed werkt, voel je de weeën niet of nauwelijks meer. Via een slangetje in je rug krijg je een cocktail van medicijnen toegediend. De ruggenprik heeft meer bijwerkingen dan de andere vormen van pijnstilling.

Elk medicijn kent bijwerkingen. Van deze soorten pijnstilling zijn sommige

bijwerkingen op moeder en kind bekend, andere worden nog onderzocht. Ook is het goed om te weten dat de ene vrouw meer baat heeft bij medicamenteuze pijnstilling dan de andere. Op deverloskundige.nl vind je een overzicht van alle voor- en nadelen van elke soort pijnstilling en een filmpje met ervaringen van moeders en hulpverleners.

VERLOF: HOERA OF HELP?

Veel werkende zwangeren gaan tussen de 34 en 36 weken met verlof. Dat kan een periode zijn waar je naar uitkijkt: eindelijk niet meer die wekker 's ochtends, tijd om af te spreken met vriendinnen, tijd voor een middagdutje en je naar hartenlust uitleven op het verzamelen van babyspulletjes. Maar het is ook mogelijk dat je je afvraagt wat je moet doen met al die vrije tijd, slaat de verveling niet toe? In de praktijk blijkt dat weinig zwangeren hier last van hebben. Meestal blijkt er toch meer te doen en te regelen dan je van tevoren had bedacht, en..... je bent waarschijnlijk niet meer zo snel als voorheen. De behoefte om tussendoor even te rusten wordt vermoedelijk groter en het is goed om hieraan toe te geven. Er zit inmiddels een volwaardig minimensje in je buik, dat veel energie en voedingsstoffen van jouw lichaam vraagt. Volg dus je eigen energiepeil en rust als je moe bent. Maar zit je vol energie en slaap je 's nachts goed, dan is extra rusten helemaal geen verplichting! Luister goed naar je lijf en niet naar de meningen van iedereen om je heen.

Iedere zwangere heeft recht op minimaal 16 weken verlof. Hoe het precies gaat als je wegens ziekte eerder ophoudt met werken of wanneer je baby te vroeg geboren wordt, zie je op de website van de Rijksoverheid. Alle regels zijn hier overzichtelijk op een rijtje gezet.

Karin (34, dochter van 4 maanden)
"Ik had me enorm verheugd op mijn zwangerschapsverlof. Eindelijk zou ik alles doen waar ik eerder met mijn drukke baan geen tijd voor had. Lekker klussen in huis, babyspulletjes kopen, sporten, eindeloos met vriendinnen afspreken en bovenal: genieten. Maar daar kwam helaas weinig van terecht. Zodra het verlof begonnen was, voelde ik me als een olifant. Opgezwollen voeten en benen, bekkenpijn, die dikke buik die in de weg zat, slecht slapen. Het leek wel of alle vermoeidheid van een paar jaar eruit kwam. Op de bank lezen of een filmpje kijken met een kopje thee en een klein wandelingetje, dat waren zo mijn activiteiten op een dag. Heel frustrerend vond ik het. Pas na een paar weken kon ik accepteren dat het niet anders was."

OVER TIJD

Een bevalling vindt idealiter tussen de 37 en 42 weken plaats. Het kind is dan volgroeid en de placenta werkt nog goed. Na 42 weken functioneert de placenta mogelijk minder goed, waardoor een baby minder zuurstof en voedingsstoffen krijgt aangevoerd. Dit is de reden dat je dan wordt overgedragen aan de gynaecoloog en in het ziekenhuis moet bevallen.

In het ziekenhuis wordt er gekeken of je nog voldoende vruchtwater hebt, of je baarmoedermond klaar is voor de bevalling en of je kindje in goede conditie verkeert. Dat laatste wordt gecontroleerd middels een hartfilmpje (CTG) van de baby. Afhankelijk van de resultaten, jouw voorkeur en van het beleid van het betreffende ziekenhuis wordt besloten of je meteen ingeleid wordt bij 42 weken of dat afwachten verantwoord is.

Tussen de 41 en 42 weken kan de verloskundige je strippen, een methode waarmee je de bevalling op gang kunt brengen. De verloskundige probeert dan tijdens een inwendig onderzoek de vliezen los te maken van de baarmoederwand. Dat kan alleen als je baarmoedermond bereikbaar is en al een beetje openstaat. Strippen is veilig voor jou en je baby en kan om de paar dagen herhaald worden.

VEELVOORKOMENDE KLACHTEN EN KWAALTJES

Vena-cavasyndroom

Er wordt nogal eens gezegd dat je niet op je rug mag slapen als zwangere. Of dat waar is? Ten dele: sommige vrouwen krijgen last van benauwdheid als ze op hun rug liggen. Dat komt doordat de zware baarmoeder op de onderste holle ader (vena cava) kan drukken. Dit is de ader die bloed uit je benen, bekken en buik terugvoert naar je hart. Als die bloedstroom gehinderd wordt, kun je je daar niet lekker door voelen: denk aan transpireren, benauwd worden of het gevoel krijgen dat je gaat flauwvallen. Zodra je op je linkerzij draait, gaat dit snel over. Als je geen last hebt van het vena-cavasyndroom mag je gerust op je rug liggen.

Slaapproblemen

Je bent moe, maar je slaapt niet? Steeds na een uurtje klaarwakker? Of een trouwe bezoeker van het toilet, vijf keer per nacht? Troost je, je bent niet de enige. Juist in die laatste paar maanden komen slaapproblemen vaak voor. Veel zwangeren liggen niet lekker door rug- of bekkenpijn, moeten 's nachts vaak plassen, hebben onrustige benen of zijn om onverklaarbare redenen veel en vaak wakker. Er wordt wel gezegd dat de natuur je zo alvast voorbereidt op de gebroken nachten met je baby. Maar het zou natuurlijk heerlijk zijn om gewoon goed te slapen, zodat je straks fit aan de bevalling begint. Hier een aantal tips waar sommige zwangere vrouwen baat bij hebben:

- Maak het voor jezelf zo comfortabel mogelijk in bed: kussentjes onder je buik en tussen je benen of een lang voedingskussen achter je rug en tussen je knieën, zijn fijn als je op je zij ligt.
- Drink niets meer de laatste twee uur voor je gaat slapen als je erg vaak moet plassen 's nachts.
- Zorg voor een warm bed en een koele slaapkamer.
- Doe 's avonds geen dingen meer waar je in je hoofd heel druk mee bent, maar zoek de ontspanning op: een warm bad, een kleine wandeling, een boek of meditatie. Het is bewezen dat het blauwe licht van schermen van tablets, laptops en smartphones de aanmaak van het slaaphormoon melatonine verstoort. Ook sporten kun je beter overdag doen dan 's avonds.
- Vermijd 's avonds cafeïnehoudende koffie, thee, cola, icetea en chocolade. Ook is het goed om niet met een heel volle maag naar bed te gaan. Een uur of drie na je laatste grote maaltijd gaan slapen, is ideaal.
- Sommige vrouwen slapen goed op de ouderwetse beker warme (anijs)melk.
- Probeer als je wakker ligt ontspannen te blijven en niet te piekeren; de kans is dan groter dat je alsnog in slaap valt.

Wist je dat:

- Er ook een uitkering is voor zwangere zelfstandig ondernemers? Dit is de zgn. ZEZ-regeling. De website van het UWV geeft je verdere informatie.
- Je baarmoeder voor de zwangerschap tussen de 50 en 80 gram weegt en aan het eind een kilo? Een ruime vertienvoudiging!
- Er speciale zwangerschapsmassages bestaan? Zelfs met een speciale bank met een uitsparing voor je buik?
- De hersenen van je baby in deze periode volop in ontwikkeling zijn? Hij profiteert nu enorm van de omega 3-vetzuren die jij eet!
- Je in deze laatste maanden wat voorzichtiger moet zijn met cacao, groene thee, druiven, bessen, olijfolie, walnoten en pinda's? Er zijn aanwijzingen dat door de polyfenolen in deze etenswaren – op zich gezonde stoffen – een extra bloedvatverbinding bij het hart van de baby te vroeg kan sluiten. Deze verbinding, de ductus Botalli, is nog open tijdens de zwangerschap en moet pas sluiten na de geboorte. Je mag in principe alles eten, maar geen grote hoeveelheden ervan.

- Als je last hebt van jeuk: neem voor het slapengaan een lauwwarme douche, dep jezelf droog of laat je opdrogen en smeer je in met olie of lotion. Ook mentholgel helpt soms tijdelijk tegen jeuk.
- En mocht je weinig hebben gehad aan deze tips, zorg er dan voor dat je 's middags een paar uur gaat liggen. Ook als je dan niet slaapt, rust je uit.

Vochtverlies en incontinentie

Urineverlies is niet ongewoon tijdens de zwangerschap. Veel vrouwen krijgen last van dit ongemak. De druk in je buik en dus op je blaas wordt hoger, terwijl de bekkenbodemspieren verslappen. Er zijn verschillende vormen van incontinentie, waarvan stressincontinentie het vaakst voorkomt bij zwangeren. Dit is urineverlies door extra drukverhoging in je buik, zoals bij niezen, hoesten en tillen. Bewust aanspannen van je bekkenbodemspieren tijdens die activiteiten kan helpen je urineverlies te verminderen. Veel vrouwen zijn niet direct na de bevalling van hun urineverlies af, soms is hulp van een bekkenbodemtherapeut nodig .

Patricia *(25, zoon van 15 maanden)*
"Ik schrok me rot toen ik voor het eerst urine voelde lopen, terwijl ik nog onderweg was naar de wc. Dat was me nog nooit overkomen! Maar ik hoorde bij de vroedvrouw dat ik niet de enige was die dit had tijdens de zwangerschap. En dat mijn 'vorm' urge-incontinentie heette. Ik schaamde me er nogal voor. Na de bevalling werd het in de eerste maanden wel wat minder, maar het ging niet helemaal over. Daarom ben ik naar een gespecialiseerde bekkenfysiotherapeut gegaan. Het bleek dat ik mijn bekkenbodem te veel aanspan. Met oefeningen is het gelukkig weer goed gekomen."

Let wel op: niet elk vochtverlies is urine. In de laatste paar maanden van de zwangerschap krijgen vrouwen soms veel en waterdunne afscheiding, wat heel normaal is. Deze waterige afscheiding is alleen soms moeilijk te onderscheiden van vruchtwater, dat niet in één grote plons naar buiten hoeft te komen. Het is mogelijk dat er een klein scheurtje in je vliezen zit, waardoor je kleine beetjes verliest. Als algemene regel geldt dat vruchtwater licht zoet ruikt en spoorloos opdroogt, terwijl afscheiding zurig ruikt en wit opdroogt. Bij twijfel is het verstandig om contact op te nemen met je verloskundige of gynaecoloog.

Aambeien

Dit is eigenlijk hetzelfde fenomeen als spataderen, maar dan rond je anus. Met name door persen bij harde ontlasting kunnen aambeien ineens ontstaan. Soms is er ook bloed zichtbaar bij de ontlasting. Als de aambeien uitwendig zitten, kun je proberen ze voorzichtig terug te duwen. Tegen de pijn helpt een koud kompres nog wel eens. Er zijn crèmes die pijn verlichten of die de aambei laten slinken; vraag je verloskundige of huisarts hiernaar. Aambeien worden na de bevalling vanzelf kleiner. Probeer met goed drinken en vezelrijk eten je ontlasting soepel te houden.

CHECKLIST:

- babyspullen verzamelen; zie ook de aanwijzingen op veiligslapen.nl
- geboorteplan maken
- borstvoeding voorbereiden
- geboortekaartjes regelen
- alles klaarmaken voor de bevalling: kraampakket, tas met spullen voor ziekenhuis, babyspullen wassen, (nieuw) matrasje luchten
- zorgen dat jullie beiden bereikbaar zijn en dat het huis een duidelijk nummer en naambordje heeft
- nog even uitgaan met elkaar

BEVALLING

HET IS ZOVER

Waar je je ook vertoont met je dikke buik, er is altijd wel iemand die haar eigen ervaringen met de zwangerschap kwijt wil. Maar de bevalling is onder moeders misschien wel het meest besproken onderwerp. Verhalen over dagenlange, bloederige of euforische bevallingen, inclusief adviezen over hoe je het wel of niet moet doen. Wat is realistisch? Hoe kun je je voorbereiden op deze grote gebeurtenis? Hoe ga je om met pijn, en waar wil je bevallen? Dit hoofdstuk biedt houvast.

WEEËN EN DE SLIJMPROP

Als leek in de bevallingswereld kan het je duizelen, al die verschillende weeën die er blijkbaar zijn: oefenweeën, rug- en beenweeën, indalingsweeën, persweeën, voor- en naweeën. Wat is wat allemaal?

Een wee is niets anders dan een pijnlijke samentrekking (contractie) van de holle baarmoederspier, die wordt veroorzaakt door het hormoon oxytocine. Aan het eind van de zwangerschap komen die contracties steeds vaker voor bij veel vrouwen, maar dat hoeft niet. Zolang ze niet steeds sterker worden, na een paar uur weer afzwakken en nog van redelijk korte duur zijn, worden ze oefenweeën genoemd. Als blijkt dat door deze weeën je kind (dieper) is ingedaald, zijn het indalingsweeën geweest. Deze voorweeën zijn er niet voor niets; ze maken je baarmoedermond en alle weefsels eromheen weker. Dat is een hele overgang: van een sterke, dichte baarmoedermond, die de hele zwangerschap het gewicht van baarmoeder en baby heeft gedragen, naar een zacht weefsel dat een volledig volgroeid kind kan laten passeren. Voorweeën kunnen vervelend zijn, met name als ze vaak terugkomen of lang aanhouden. Probeer je aandacht bij iets anders te houden, zorg voor afleiding. Soms wil een warme kruik of warme douche helpen om ze te verminderen. Bij een tweede, derde of volgend kind heb je meestal meer voorweeën dan bij een eerste kind, maar ook hier bestaan weer veel verschillen tussen vrouwen.

Dan zijn er nog de weeën die bij de bevalling horen. Als vuistregel geldt dat 'echte' bevalweeën steeds wat sterker worden, steeds vaker komen en langer duren, meestal rond een minuut. Als weeën pijnlijker worden, merk je dat je niet meer gewoon kunt doorademen, maar echt moet 'puffen'. Praten tijdens pittige weeën lukt ook niet meer. Sommige vrouwen voelen tijdens die weeen vooral pijn in hun rug of uitstralende pijn naar hun benen; die worden dus rug- en beenweeën genoemd.

De baarmoedermond is tijdens de zwangerschap afgesloten door een slijmprop. Deze kun je in de dagen of zelfs weken voor de bevalling kwijtraken. Je ziet dan een bloederig slijmpropje in je ondergoed of veel slijm bij het afvegen als je naar de wc gaat. Een klein beetje bloedverlies is hierbij normaal. Het verliezen van de slijmprop zegt overigens niets over wanneer de bevalling begint.

HOE VERLOOPT EEN BEVALLING?

Een bevalling verloopt voor niemand hetzelfde. De beschrijving die je hier vindt, geeft een algemeen beeld van alle fasen van een bevalling. De duur van elke periode kan erg verschillen, net als de mate van pijn die je ervaart. Een bevalling wordt ingedeeld in drie fasen: de ontsluiting, het persen (de uitdrijving) en de geboorte van de placenta (nageboortetijdperk).

De ontsluiting

Het ontsluitingstijdperk kan bij een eerste kind aanzienlijk langer duren dan bij volgende kinderen. De baarmoedermond moet immers voor het eerst in je leven helemaal ontsluiten: verweken, platter worden en vervolgens wijder.

Een bevalling begint meestal met weeën die onregelmatig zijn en niet zo vaak komen. Deze weeën nemen in sterkte en frequentie toe, tot ze om de vijf minuten komen. Bij ongeveer 10% van de vrouwen kondigt het breken van de vliezen de bevalling aan. Soms beginnen direct daarna de weeën, maar die kunnen ook 24 of zelfs 48 uur op zich laten wachten. Vruchtwater hoort helderwit te zijn met eventueel witte vlokjes huidsmeer van de baby, of lichtroze gekleurd door een paar druppels bloed van de baarmoedermond.

De weeën die zorgen voor de eerste paar centimeters ontsluiting zijn meestal sterk en regelmatig, zo om de drie tot vijf minuten, maar zijn nog goed op te vangen. Daarna, vanaf ongeveer vier tot vijf centimeter ontsluiting, komt de zogenaamde actieve fase van de ontsluiting. In deze fase versnellen de weeën vaak en kunnen ze intenser worden. Soms heb je dat niet in de gaten, doordat er endorfine wordt aangemaakt bij goede weeën. Dit hormoon, dat familie is van morfine, haalt de scherpe randjes van de pijn en brengt je min of meer in een trance. Dit helpt je om je van de buitenwereld af te sluiten, je te concen-

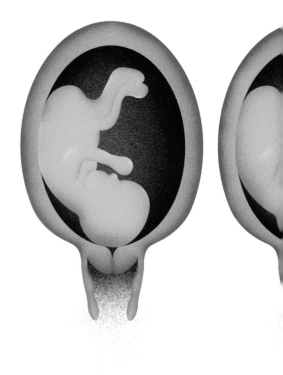

treren op jezelf en je te ontspannen. In deze staat maakt je lichaam betere weeën en zo ontstaat er een goed werkende vicieuze cirkel.

Dit is meestal het moment waarop je naar het ziekenhuis gaat als je daar wilt bevallen. Vanaf de actieve fase verwacht je dat je er ongeveer één centimeter ontsluiting per uur bij krijgt. Het verloop gaat overigens niet altijd geleidelijk: van een paar uur geen enkele vooruitgang naar ineens drie centimeter ontsluiting erbij komt heel geregeld voor.

Vanaf een centimeter of acht ontsluiting wordt het voor veel vrouwen pittig, en soms zelfs te veel: de wee-

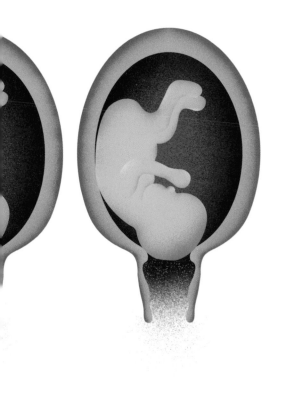

De ontsluiting

en zijn dan op volle kracht en komen vaak. Soms is er weinig of geen tijd om tussendoor bij te komen. Dit is het teken dat je bijna je doel hebt bereikt: de volledige ontsluiting van tien centimeter. Een kwestie van volhouden dus, met hulp van mensen om je heen of met warm water in de vorm van een bad of douche.

Het persen

Dit is het moment waarop de laatste randjes van de baarmoedermond verdwenen zijn en de baby door het geboortekanaal kan komen. Je hebt hier goede weeën voor nodig die je kind verder naar beneden duwen. Bij echt goede persweeën voel je dat je zelf mee moet duwen; dat is de zogenaamde reflectoire persdrang. Dat voelt min of meer als de drang om te poepen, maar dan veel sterker. Soms is persdrang er nog niet meteen en wordt er een tijdje op gewacht. Dat maakt het voor jou namelijk gemakkelijker om op het juiste moment én om effectief te persen. Wees niet bang dat je niet op de goede manier perst: bij goede, reflectoire persdrang doet je lichaam dat vanzelf. En als deze er niet is, krijg je aanwijzingen van de verloskundige of gynaecoloog.

Persen bij een eerste baby lijkt in het begin vaak ineffectief, je voelt misschien helemaal niet dat de baby verder komt. Of je voelt dat je tijdens de wee de baby wat verder duwt, maar dat hij daarna terugglijdt. Dit is normaal, hier geldt het principe 'twee stappen voorwaarts, één stap terug'. Je verloskundige of gynaecoloog houdt nauwlettend in de gaten of er voldoende vooruitgang is. Ook wordt er bij de uitdrijving vaker dan tijdens de ontsluiting naar het hartje van de baby geluisterd om zijn conditie in de gaten te houden. Als je al eens bevallen bent, kan het persen heel anders gaan; je voelt meteen vooruitgang en de persfase is meestal veel korter.

Als je baby in hoofdligging ligt, dat wil zeggen met zijn hoofd naar beneden, moet het hoofdje onder je schaambeen door draaien. Dat vergt tijd en flinke uitdrijvende kracht. Als dit eenmaal gedaan is, staat het hoofdje op de bekkenbodem en is al zichtbaar van buitenaf. Een korte periode blijft het hoofdje even 'staan' in de vagina. Je huid wordt enorm uitgerekt en dat geeft een branderig gevoel. Je baby is er dan bijna, vaak wordt tijdens de volgende wee het hoofdje geboren. Meestal krijg je de instructie om niet meer volop mee te persen, maar te zuchten om zo het hoofdje gedoseerd geboren te laten worden. Zodra het hoofdje eruit is, draait je baby naar één kant, zodat zijn schouders en de rest van het lijfje vlot kunnen volgen. Tijd voor grote opluchting en blijdschap: je baby is er!

Meteen na de geboorte, om precies te zijn na één minuut en na vijf minuten, krijgt je baby een cijfer; dit is de Apgarscore. Het cijfer gaat van 0 tot 10 en geeft de conditie van je kind weer. Er wordt gekeken naar de huidskleur, de hartslag en ademhaling en naar zijn reflexen en spierspanning. Als je baby in goede conditie is, merk jij helemaal niets van deze onderzoeken.

De placenta

Na de geboorte van je baby moet er nog één ding gebeuren voor een complete bevalling: de placenta moet er nog uit. Ook dit gebeurt door weeën. De samentrekking van de baarmoeder zorgt ervoor dat de placenta loskomt van de baarmoederwand en naar buiten kan. Als de placenta lang op zich laat wachten, krijg je een extra injectie met oxytocine. Ook na de geboorte van de placenta moet de baarmoeder goed blijven samentrekken. Dit drukt

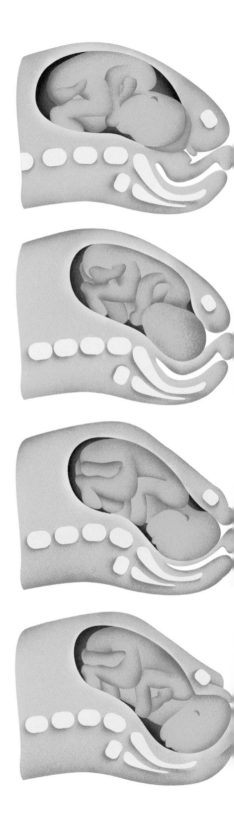

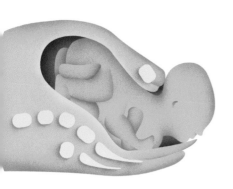

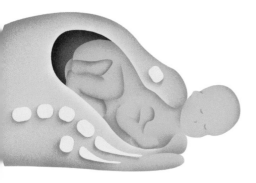

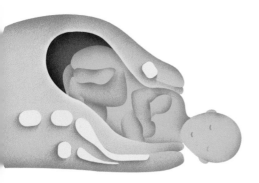

namelijk de wond dicht die de placenta heeft achtergelaten, waardoor een teveel aan bloedverlies wordt voorkomen. Er zal regelmatig aan je buik gevoeld worden om te controleren of dit gebeurt. Bij een lege blaas gaat deze samentrekking beter dan bij een volle. In de eerste week na de bevalling is het daarom extra belangrijk dat je vaak plast.

GOUDEN TIPS VOOR EEN GOEDE BEVALLING

Goede voorbereiding

Goed geïnformeerd zijn over wat er gebeurt tijdens een bevalling is een mooie eerste stap. Dat doe je nu al door dit boek te lezen! Vaak geeft je verloskundigenpraktijk uitgebreide informatie over de bevalling. Sommige ziekenhuizen geven rondleidingen op de verlosafdeling. Het uiteindelijke doel van goed geïnformeerd aan de bevalling beginnen, is dat je geen angst hebt voor wat er komt. Want angst is iets wat je niet kunt gebruiken tijdens een bevalling (zie de vicieuze cirkel verderop). Overdrijf het echter niet met alles lezen of verhalen van iedereen aanhoren, dat kan averechts werken. Als je merkt dat je onrustig wordt van al die informatie, scherm jezelf er dan voor af.

Probeer ruimte te houden voor diverse scenario's. Een bevalling is eigenlijk niet te plannen. Besef dus dat je in het ziekenhuis kunt eindigen als je heel graag thuis wilt bevallen. En dat die geplande ziekenhuisbevalling met ruggenprik ook in een snelle thuisbaring kan veranderen. Door geen vastomlijnd plan in je hoofd te hebben, is de kans kleiner dat je achteraf enorm teleurgesteld bent over hoe je bevalling is verlopen.

Verder geeft het natuurlijk rust als alle praktische zaken geregeld zijn. Zet je tas voor het ziekenhuis klaar – ook als je thuis wilt bevallen – , en zorg dat alle babykleertjes gewassen zijn en dat de maxi-cosi en de camera's/telefoons voor het grijpen liggen. Denk ook aan een oppas die dag en nacht gebeld kan worden als je al kinderen hebt.

Omgaan met pijn

Hoe je het ook wendt of keert, een bevalling is pijnlijk. Hoe je omgaat met die pijn bepaalt niet alleen je beleving van de bevalling, maar heeft ook effect op de weeënkracht. Normaal gesproken maakt pijn je erop attent dat er iets mis is in je lijf. Bevallingspijn is dus uniek: deze hoort niet bij ziekte, maar bij een natuurlijk en normaal proces. Deze pijn zorgt ervoor dat je goede weeën krijgt en dat je kind uiteindelijk wordt geboren. Als je accepteert dat deze pijn er is en dat dit de bedoeling is, lukt het je beter om de weeën op te vangen en positief te blijven. Vechten tegen de pijn of tegen jezelf zeggen dat je dit niet kunt, werkt averechts. Dit maakt je angstig en gestrest en als reactie maakt je lichaam adrenaline aan. Adrenaline is een directe tegenhanger van oxytocine en zorgt ervoor dat je weeën afzwakken in frequentie of kracht. Bovendien

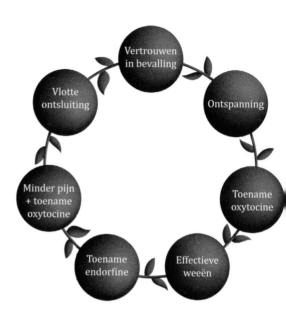

remt adrenaline de vorming van endorfine, het hormoon dat pijn verzacht.

Een gehele bevalling lang positief blijven is niet gemakkelijk. Heel wat vrouwen verliezen op een bepaald punt de moed, omdat ze bijvoorbeeld te veel pijn krijgen of omdat de bevalling lang duurt. Dat is niet erg en zeker geen teken van zwakte. Op deze momenten spelen je partner of andere mensen om je heen een belangrijke rol. Zij kunnen je steunen, meepuffen en je helpen om de draad van positiviteit weer op te pakken.

Visualisatie is een prachtig hulpmiddel om positief te blijven en sowieso om de bevalling voorspoedig te laten verlopen. Focus tijdens de weeën je gedachten op je doel: eerst het open-

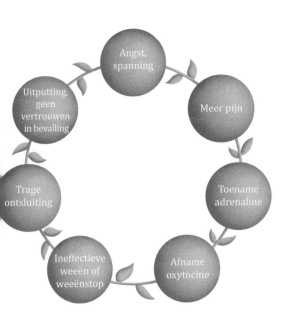

Angst, spanning

Meer pijn

Uitputting, geen vertrouwen in bevalling

Toename adrenaline

Trage ontsluiting

Afname oxytocine

Ineffectieve weeën of weeënstop

*Positieve en negatieve
vicieuze cirkel bij de bevalling*

gaan van de baarmoedermond, daarna je kind naar beneden persen en tot slot je baby het levenslicht laten zien. Je hoeft natuurlijk niet letterlijk aan je baarmoedermond of vagina te denken (zeker niet als je bang bent voor bloed!). Houd een plaatje of zinnetje in gedachten dat jou aanspreekt en dat deze doelen voor jou uitbeeldt.

Dan is er natuurlijk nog pijnstilling in de vorm van medicatie. Die is er in diverse vormen en is voor heel wat vrouwen een echte uitkomst geweest. Bedenk wat bij jou past; je bent geen slechtere moeder of minder stoer als je bevalt met pijnstilling. Ook de wetenschap dat pijnstilling bestaat en het vertrouwen dat die gegeven wordt als dat kan, maken het

voor veel vrouwen mogelijk om juist zonder medicijnen te bevallen.

Veilige omgeving

Net als bij dieren stopt bij ons de bevalling zodra we in gevaar verkeren. Dit is goed geregeld door de natuur: een weerloze pasgeborene heeft immers minder kans om te overleven in een gevaarlijke omgeving. In een minder extreme situatie werkt dit systeem nog steeds. Als je ergens bevalt waar je je niet op je gemak voelt of er zijn mensen om je heen die je niet prettig vindt, kan dit een remmende werking hebben op je weeën. Bedenk dus wat voor jou een warme en veilige omgeving is, waar je volledig ontspant en je kunt overgeven aan het proces. Voor sommige vrouwen betekent dat zoveel mogelijk afgezonderd zijn, alleen of samen met hun partner. Maar als je pas ontspant met je gehele familie om je heen is dat ook prima. Uit onderzoek blijkt dat vrouwen die vertrouwen hebben in hun omgeving – inclusief hun hulpverleners – vaker zonder ingrepen bevallen.

Warmte

Kou is voor je lichaam een vorm van stress en werkt dus weeënremmend. Vooral warme voeten zijn belangrijk, dan blijft ook de rest van je lichaam lekker warm. Verder zijn warme kruiken of pakkingen fijn om tegen je pijnlijke buik of rug aan te leggen. Warm water helpt je te ontspannen

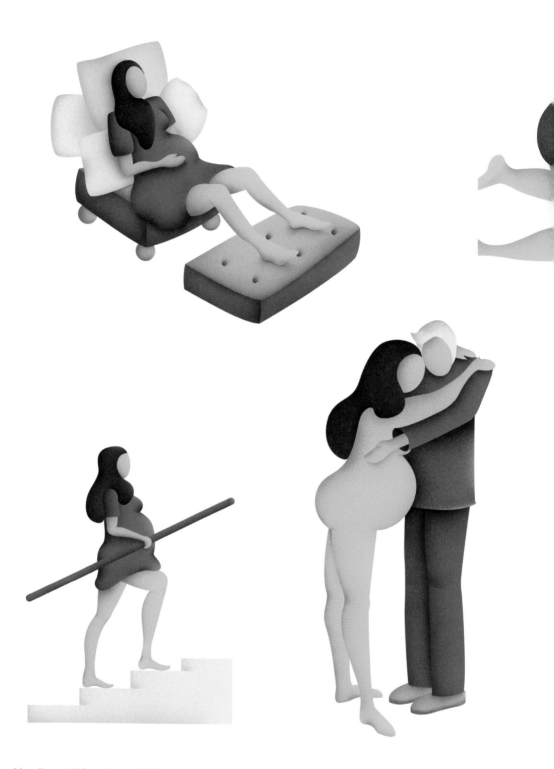

Houdingen tijdens de ontsluiting

en werkt pijnstillend. Veel barende vrouwen zitten uren onder de douche (een waterbestendig krukje is dan handig) of in bad. Let wel, als je gebroken vliezen hebt zonder goede weeën mag je wel onder de douche, maar niet in bad.

Veranderen van houding

Variatie in houdingen bevordert de ontsluiting. Vooral in de verticale positie oefent het babyhoofdje druk uit op de baarmoedermond. Probeer uit wat voor jou een goede houding is om je weeën op te vangen. Dat kan zijn als je tegen je partner aanhangt, zittend op de Swiss ball of op je zij met kussens onder je buik en tussen je benen. Ook persen kan in diverse posities, zolang je baby in goede conditie is. Verticaal baren, bijvoorbeeld zittend op een baarkruk of op je hurken, is al eeuwenlang een goed gebruik. Maar ook

liggend, staand of op handen en knieen zijn mogelijke posities. In water bevallen kan heel ontspannend zijn. Vraag wel bij je verloskundigenpraktijk of ziekenhuis of dit mogelijk is.

Eten en drinken

Een bevalling kost veel energie en kan lang duren. Meestal heb je totaal geen trek in een echte maaltijd. Zorg wel voor lichte snacks of druivensuiker zodat je lichaam iets te verbranden heeft. Als het helemaal niet lukt om te eten, is het goed om iets te drinken met suiker of zout erin, zoals limonade of bouillon. Drink regelmatig kleine slokjes en plas vaak. Een volle blaas zit goede weeën namelijk in de weg.

Je partner

Voor veel partners (maar ook voor familie en vriendinnen) is de bevalling een hele kluif. Ze voelen zich vaak machteloos omdat hun geliefde zoveel pijn moet doorstaan en zij niets kunnen doen. Daarnaast is daar de spanning of alles goed gaat en hoelang het nog duurt voordat de baby er is. De ene barende heeft haar partner veel harder nodig dan de andere, dat is van tevoren moeilijk te voorspellen. Het helpt enorm als je partner een positieve, steunende houding heeft. Hij of zij moet dus kunnen invoelen hoe zwaar het voor je is, maar ondertussen de moed erin houden. Partners zijn onmisbaar voor een massage van je rug of benen en voor het aanleveren van kopjes thee, warme kruiken en kussens. Als het mogelijk is mag je partner na de geboorte van de baby de navelstreng doorknippen. Ook kan je partner overleggen met de verloskundige of gynaecoloog als er beslissingen moeten worden genomen. Zorg dat hij of zij weet wat jouw wensen en voorkeuren zijn, dan kun jij je optimaal concentreren op je weeën.

Misschien ziet je partner erg op tegen bloederige taferelen tijdens de bevalling. Achteraf blijkt vaak dat een partner óf het bloed en slijm niet zo goed gezien heeft óf het eigenlijk niet zo afschrikwekkend vond. Maak je daarom vooraf niet te veel zorgen!

DIRECT NA DE BEVALLING

Eindelijk ben je dan op het punt aanbeland waar je al die maanden op hebt gehoopt: je kleintje in je armen en je geliefden om je heen. Eindelijk verlost van die weeënpijn, maar nog niet helemaal pijnvrij: je kunt nog naweeën hebben en last hebben van een wond. Naweeën zijn lastig, maar hebben wel nut. Vaak komen er bij relatief korte bevallingen meer naweeën voor. Ook vrouwen die al eens bevallen zijn, hebben meestal nog een aantal dagen periodes van naweeën. Zodra je baby aan de borst drinkt, krijgt je baarmoeder een seintje om samen te trekken. Dit is een mooi natuurlijk systeem om je bloedverlies te beperken en je baarmoeder te laten krimpen.

Veel vrouwen krijgen last van hevig rillen na de bevalling, of soms ook al tussen de weeën door. De oorzaak hiervan is niet helemaal duidelijk. Het gaat na een tijdje vanzelf weer over.

Je baby is de eerste twee uur na de geboorte heel alert door de productie van adrenaline. Vrij veel baby's hebben dan hun oogjes al open en kijken je heel indringend en nieuwsgierig aan. Dit is een goed moment om je baby voor de eerste keer aan je borst te leggen. Sommige baby's zijn natuurtalenten, andere moeten een beetje geholpen worden. Raak niet gestrest als je baby niet direct drinkt. Alles wat hij op dat moment doet is goed: ruiken aan de borst, een beetje likken of echt drinken.

Probeer te ontspannen en hiervan te genieten. Het huid-op-huidcontact is namelijk al heel goed voor je baby, dit stimuleert zijn zoek- en hapreflex. Ook heeft dit contact een bewezen gunstig effect op zijn bloedsuikerspiegel.

Je hebt meestal flink wat bloedverlies, meer dan bij een menstruatie. Je lichaam is hierop voorbereid, je hebt immers meer bloed aangemaakt tijdens de zwangerschap. Verder is het mogelijk dat je ingescheurd of ingeknipt bent. Bij een eerste bevalling is die kans vrij groot. De verloskundige of gynaecoloog hecht je dan onder plaatselijke verdoving. Sommige vrouwen vinden dat ondanks de verdoving geen pretje en zijn sowieso al moe. Zoek op dat moment afleiding, bijvoorbeeld door je aandacht bij je prachtige baby te houden!

Je baby wordt gewogen en van top tot teen nagekeken door de gynaecoloog, verloskundige of kinderarts. Ook krijgt hij een paar druppels vitamine K toegediend. Deze vitamine wordt nog niet voldoende in je baby's darmen aangemaakt, maar is wel belangrijk voor de bloedstolling. Het onderzoek van je baby is leuk om te zien. Vraag iemand om een filmpje te maken als het niet dicht bij je bed wordt uitgevoerd.

Feiten en fabels over bevallen

- *Als je moeder of zus een keizersnee heeft gehad, is de kans ook voor jou groot dat je een keizersnee krijgt.*

  Fabel: alleen als vastgesteld is dat jullie een erfelijke afwijking aan je baarmoeder of bekken hebben, kan dit het geval zijn. Maar zelfs dan hoeft het niet.

- *Een ruggenprik verdooft niet altijd volledig.*

  Feit: bij ongeveer 5-10% van de vrouwen werkt de ruggenprik niet optimaal, ook niet als deze herhaald wordt. Sommige vrouwen voelen de weeën nog wel, maar veel minder sterk.

- *Vrouwen die een kunstverlossing hebben gehad, kijken negatiever terug op hun bevalling dan vrouwen die zonder ingrepen zijn bevallen.*

  Fabel: of vrouwen positief terugkijken op hun bevalling heeft meer te maken met hoeveel rekening er met hen werd gehouden. Overleg over beslissingen en ruimte voor eigen wensen van de moeder verhogen de tevredenheid over de bevalling.

- *Als een partner niets doet tijdens een bevalling is het ook goed.*

  Feit: Het is hier natuurlijk een beetje overdreven neergezet. Maar het is een feit dat wanneer vrouwen tijdens de bevalling helemaal niemand om zich heen konden verdragen, ze het achteraf toch heel fijn en ondersteunend vonden dat hun partner op de achtergrond aanwezig was.

KRAAMTIJD

GENIET ERVAN

Of je nu thuis bent of in het ziekenhuis, je kraamtijd is vooral een drukke tijd vol blije en emotionele momenten. Van gelukzalig met je baby in je armen zitten tot kraamtranen, het gebeurt allemaal in deze week. Je dagen draaien om de zorg voor dat kleine mensje. En dat tegelijkertijd met een enorme hormonale ommezwaai, slaapgebrek en herstel van de bevalling. Dit is je eerste, zeer bijzondere, week met nieuw leven.

WAT GEBEURT ER LICHAMELIJK?

Na de geboorte van de placenta nemen je zwangerschapshormonen oestrogeen, progesteron en HPL snel in hoeveelheid af. Vooral HPL remde de werking van het hormoon prolactine, dat al rijkelijk aanwezig was in je lichaam. Nu kan prolactine zijn werk doen, namelijk binnen twee tot drie dagen melk aanmaken. Je voelt dit ook: je borsten worden voller en soms flink gestuwd. Dit kan pijnlijk zijn en verhoging of lichte koorts geven. Zodra de baby aan de borst zuigt, krijgt de hypofyse een seintje om twee hormonen aan te maken, oxytocine en prolactine. Oxytocine zorgt ervoor dat er melk uit de melkklieren komt, de zogenaamde toeschietreflex. Prolactine zorgt voor de aanmaak van nieuwe melk. Deze hormonale wisseling van de wacht is een prachtig wonder van de natuur, maar kan emotionele pieken en dalen met zich meebrengen. Niet zo gek dus dat je naast enorme blijdschap en liefde af en toe paniek of verdriet voelt.

Je baarmoeder krimpt snel onder invloed van oxytocine: binnen een week gaat deze van 1 kilo naar 300 gram. Na drie weken weegt je baarmoeder nog maar 100 gram. Dat krimpen kun je goed voelen als naweeën, vooral als je borstvoeding geeft. Elke dag wordt er tijdens je kraamweek aan je buik gevoeld of de bovenkant van je baarmoeder daalt. De eerste paar dagen kun je ruim bloedverlies hebben, vaak meer dan tijdens een menstruatie. Ook kun je vuistgrote stolsels verliezen, maar dat moet niet al te veel en vaak gebeuren. Overleg bij twijfel over je bloedverlies altijd met je verloskundige. Het bloedverlies is aan het eind van de week een stuk minder. De meeste vrouwen vinden het dan vies ruiken, maar dit hoort er meestal toch echt bij. De kraamverzorgster controleert of alles normaal is. Ook zal zij (of de verloskundige) regelmatig kijken of je wond – al dan niet met hechtingen – goed heelt. Als je het aandurft, is meekijken met een spiegeltje helemaal niet gek. Je ziet dan dat de wond minder dramatisch is dan dat deze misschien voor jou voelt. Hechtingen zijn zelfoplossend of kunnen na een week verwijderd worden.

Je merkt waarschijnlijk dat je in die eerste week enorm veel moet plassen en 's nachts veel transpireert. Dit is al het extra vocht en bloed dat je kwijtraakt, en dat kan wel twee tot vier liter zijn! Als je bij de bevalling veel bloed hebt verloren, plas je minder doordat je lichaam het vocht dan juist nodig heeft. En dan die blubberbuik! Je zult niet de eerste vrouw zijn die in haar kraamweek denkt dat het nóóit meer goed komt met haar figuur. Maar bedenk dat huid, bindweefsel en spieren die negen maanden lang steeds verder zijn uitgerekt, niet zomaar in hun oorspronkelijke vorm terugveren. In de eerste week een sluitlaken of dunne doek strak om je buik wikkelen, is vaak prettig en niet slecht voor je spieren, zoals eerder werd gedacht. Vanaf zes weken na de bevalling mag

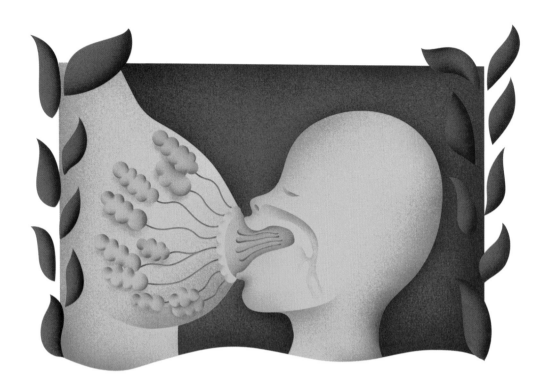

Goed aanleggen aan de borst

je voorzichtig beginnen met het trainen van je buikspieren. In het hoofdstuk Sport wordt hier speciale aandacht aan besteed.

BORSTVOEDING

Misschien heeft je baby na de bevalling al een of meerdere keren gedronken aan de borst. Als dat zonder problemen ging, kan dat zo doorgaan. Hij krijgt daarmee het waardevolle colostrum binnen, de eerste melk die extra vet is en een beschermend laagje in je baby's darmen vormt. Vervolgens voed je de baby op verzoek, dat wil zeggen zodra hij aangeeft aan een

voeding toe te zijn. Dat zie je als je baby smakt, met zijn mondje zoekt, op zijn vingers zuigt of huilt.

Het is mogelijk dat aanleggen na die eerste keer ineens niet meer goed lukt, of dat je baby nog helemaal niet heeft gedronken aan de borst. Dat is niet erg binnen de eerste 24 uur, je baby heeft hiervoor reserves. Wel is het goed om (eventueel met hulp van de kraamverzorgster) elke drie uur de baby toch aan te leggen. Hoe vaker en hoe krachtiger een baby drinkt aan de borst, hoe eerder de melkproductie op gang komt. Vanaf de tweede dag is het goed als je baby zeven tot twaalf keer per 24 uur drinkt. Vaak gaat deze frequentie naar een keer of acht zodra de melkproductie goed op gang is gekomen.

Nog een aantal tips voor het geven van borstvoeding:

Zittend met kussenondersteuning

- Goed aanleggen is belangrijk voor de baby en voor jezelf: de baby krijgt zo alle aanwezige melk binnen, inclusief de vettere achtermelk. Bovendien voorkom je op deze manier tepelkloven bij jezelf. Laat de baby met zijn buik tegen jouw buik liggen, met zijn hoofd in één lijn met zijn rug (dus geen gedraaid hoofdje). De bovenlip van de baby moet ter hoogte van je tepel liggen. Als je vervolgens met je tepel zijn bovenlip aanraakt, stimuleer je de reflex waarmee de baby met een grote hap de hele tepel en een stuk tepelhof in zijn mond neemt. Zijn lipjes moeten naar buiten gekruld zijn (controleer voorzichtig het onderlipje). Goed drinken zie je aan de bewegende kaak bij je baby's oortje en je ziet hem slikken. Laat de baby drinken totdat hij zelf loslaat. Als de baby goed aan de borst heeft gelegen, is je tepel na de voeding rond en roze. Geef bij de volgende voeding je baby de andere borst, dan wordt de melkaanmaak gelijkmatig verdeeld over je borsten.
- Aanhappen mag in de eerste week maximaal dertig seconden pijn doen, daarna niet meer. Een pijnlijke, stekende borst tijdens de voeding kan wijzen op een schim-

melinfectie. Vraag aan je verloskundige hoe deze te behandelen.
- Een baby geeft vaak aan wanneer hij weer aan een voeding toe is. Voeden op verzoek is dus heel goed. Maar als je baby in de eerste week (te) graag slaapt, is het belangrijk om hem wel elke drie tot vier uur wakker te maken en de borst aan te bieden.
- Veel baby's huilen niet meteen als ze willen eten, maar smakken of steken hun tongetje uit. Als je je baby bij deze eerste tekenen van honger al aan de borst legt, is hij nog rustig en gaat het aanleggen meestal beter. Dit is ook de reden waarom het wordt aangeraden om je baby in je eigen slaapkamer te laten slapen. Je hebt dan snel in de gaten wanneer hij weer aan een voeding toe is.

Zittend met ondersteuning van borstvoedingskussen

- Elk kind drinkt anders: het ene heel krachtig en kort, het andere met pauzes en uitgebreid. In principe wacht je tot je baby de tepel loslaat. Maar let op in de eerste week: bij voedingen langer dan dertig tot veertig minuten krijgen je tepels het zwaar te verduren. Ook is de kans groot dat je baby niet meer effectief drinkt, maar sabbelt en je borst dus als speen gebruikt.

- Moedermelk wordt gemaakt uit vocht in je lichaam, en dat moet dus weer aangevuld worden! Wen jezelf aan om bij elke voeding een groot glas water te drinken. Zo kom je wel aan de 2,5 liter vocht die je per dag nodig hebt.

- Als je voldoende tijd en energie hebt, is het fijn om met hulp van de kraamverzorgster verschillende voedingshoudingen te probe-

ren. Je borsten kunnen door verschillende houdingen optimaal leeggedronken worden. Het onderkaakje van de baby 'melkt' namelijk de borstklieren leeg. Zeker bij harde plekken in je borst is dit aan te bevelen. Bovendien heb je door variatie in voedingshoudingen minder kans op rug-, nek- en schouderklachten.

- Ook bij borstvoeding kun je controleren of je baby genoeg binnenkrijgt. Let op of je baby tevreden is en op de hoeveelheid plasluiers: vanaf de zevende dag moeten dat er ongeveer zes per 24 uur zijn. Je baby wordt deze week twee keer gewogen. Daarna kun je naar behoefte je baby extra laten wegen op het consultatiebureau, ook buiten de reguliere controles.

- Geef geen andere voeding dan je eigen melk, tenzij de verloskundi-

Achteroverleunend

ge je iets anders adviseert. Bijvoeding kan er namelijk voor zorgen dat je baby minder goed aan de borst drinkt.

KRAAMVERZORGSTER EN VERLOSKUNDIGE

Je kraamverzorgster is van onschatbare waarde. Ze helpt je om de borstvoeding goed te laten verlopen, laat jullie zien hoe je de baby moet verzorgen, beantwoordt al jullie vragen in de eerste week en houdt je huis

Voor oudere baby's: zittend op de knie

Tip! Koelen en verwarmen

Bij pijnlijke stuwing is het fijn om een strakke bh te dragen en je borsten te koelen. Dat gaat goed met maandverbanden die je vol hebt laten lopen met water en in de diepvries hebt gelegd. Ook hebben al heel wat kraamvrouwen plezier gehad van een gekneusd, koud wit koolblad (echt waar!), dat perfect om een borst past.
Moet de melk juist stromen? Dan heb je warmte nodig. Voor de voeding een warme douche of een warm washandje op je borst tijdens de voeding kunnen hierbij helpen.

een beetje aan kant. De kraamverzorgster is daarnaast een belangrijke schakel tussen jou en de verloskundige. Zij voert elke dag de medische controles bij jou en de baby uit en noteert deze in een overzicht. Op deze manier krijgt je verloskundige een goed beeld van wat er is gebeurd in de voorgaande dagen en of alles goed verloopt. Niet zelden ontstaat er een warme band tussen kersverse ouders en hun kraamverzorgster. Af en toe ontbreekt de 'klik' echter en kan het zelfs vervelend zijn om iemand om je heen te hebben die niet voldoet aan jouw verwachtingen. Aan wie dat ligt, maakt niet uit. Probeer het te bespreken met de kraamverzorgster zelf of bel het kraambureau. Je kunt het ook aan je partner of verloskundige vragen als je dat zelf lastig vindt. Wie weet kan het gemakkelijk opgelost worden. Goede kraamzorg geeft jullie immers een onmisbare en onvergetelijke start.

Liggend

De verloskundige blijft de eindverantwoordelijke tijdens het kraambed. Zij komt een aantal keren langs om te kijken of alles goed gaat, om advies te geven en om de bevalling te bespreken. Ook als je vanwege een medische indicatie in het ziekenhuis bent bevallen, word je tijdens je kraamperiode gecontroleerd door een verloskundige. Bij zorgen en twijfels mag je haar altijd bellen. Wanneer je zelf koortsig bent (38 graden of hoger), als je veel bloedverlies hebt of je je zorgen maakt over de baby is het belangrijk om met de verloskundige te overleggen.

TIJD EN GEDULD

Als er één gouden tip voor een fijne kraamtijd is, dan is het wel deze: geef jezelf tijd en geduld als dat nodig is. Je hebt je van tevoren misschien veel voorgesteld van deze week. Eindelijk je lieve, prachtige baby aan de wereld laten zien, genieten van je kleintje, van veel bezoek en cadeaus. Maar als blijkt dat je oververmoeid bent, stuwing en pijn hebt en vooral bezig bent met het voeden van je baby, kan dat een tegenvaller zijn. Geef je partner en jezelf dan genoeg tijd, en dat wil zeggen weinig bezoek. Die tijd heb je nodig om te slapen wanneer de baby slaapt, om elkaar te leren kennen, om met geduld borstvoeding te geven en eventueel extra te kolven. En bovenal: om te genieten! Bedenk dat bezoek (behalve uiteraard jullie naaste familie en hechte vrienden) ook over een tijdje kan komen.

Als je al kinderen hebt, is het fijn om hen te betrekken bij de verzorging van de baby. Een nieuw broertje of zusje is een hele overgang voor kinderen. Juist als ze jaloers reageren is het goed om positieve aandacht te geven: even samen een boekje lezen of een spelletje doen. Een kind wil graag voelen dat hij nog steeds speciaal is, ook al is er een nieuwe baby die veel aandacht vraagt.

Je partner is ook vaak moe en wordt net als jij geconfronteerd met het nieuwe ouderschap, met alle gevoelens van geluk en twijfel die daarbij horen. Het is belangrijk om daar met elkaar over te praten en samen te genieten van dat kleine wonder. Dus wees mild voor jezelf als het niet loopt zoals je dacht en geef het de tijd.

HERSTEL NA KEIZERSNEE

Meestal breng je de eerste drie tot vijf dagen na een keizersnee in het zie-

Wist je dat:

- Een koortslip heel besmettelijk is en gevaarlijk voor een jonge baby? Hij kan er in het slechtste geval hersenvliesontsteking van krijgen en zelfs overlijden. Laat bezoek met een koortslip daarom niet bij de baby komen. Als jij een koortslip hebt of je partner, plak dan de wond af, was goed je handen voor en na elk contact met de baby en zoen de baby niet.

- Angst, pijn en stress een remmende werking op oxytocine hebben? Ontspanning is dus belangrijk voor het toeschieten van de melk.

- Er genoeg vrouwen zijn die zich niet meteen na de geboorte op en top moeder voelen? Ook bij mannen komt het vadergevoel soms pas na een tijdje. Geen zorgen dus als dat oudergevoel er niet meteen is. Het komt écht.

- Er in Nederland al sinds de 17e eeuw beschuit met muisjes wordt gegeten bij de geboorte van een kind? Muisjes staan symbool voor vruchtbaarheid en het anijs in de muisjes zou boze geesten bezweren én de borstvoeding bevorderen.

- Jouw zwangerschapshormonen nog licht in het bloed van je baby zitten? Jongens en meisjes kunnen daar een paar dagen opgezwollen borstklieren door hebben. Ook kan er bij meisjes wat slijm of bloed uit hun vagina komen. Dit is absoluut onschuldig en gaat snel over.

---

kenhuis door. De pijnstilling wordt afgebouwd, je mag langzamerhand in beweging komen en er wordt gecontroleerd of je geen infectie of bloeding krijgt. Een keizersnee is een routine-ingreep, maar toch een forse buikoperatie. Het is dan ook niet vreemd dat bij de meeste vrouwen het herstel ervan langer duurt dan dat van een vaginale bevalling. Veel vrouwen hebben nog een tijd last van een trekkende wond, met name bij bewegen. Verder duurt het krimpen van je baarmoeder een tot twee weken langer. Maar maandenlange vermoeidheid is de klacht die voorop-staat bij de meeste vrouwen die een keizersnee hebben gehad. Weet dat dit veel gebeurt en dus 'normaal' is na deze operatie. Gezond eten, na een week of zes rustig aan beginnen met sporten en jezelf de tijd gunnen om te herstellen, dat zijn de dingen die je eraan kunt doen. Soms wordt het litteken na genezing een wat harde plek of is het gevoelloos. Regelmatig masseren met olie of speciale littekencrème kan helpen.

DE EERSTE MAANDEN

EVEN WENNEN AAN VEEL....

En dan is iedereen vertrokken: de kraamverzorgster, verloskundige en al het bezoek. Je partner gaat weer aan het werk en langzaamaan keer jij ook terug naar de gewone wereld. Maar nu in je nieuwe rol als moeder en met een compleet ander ritme dan je gewend was. Dagelijks geniet je van de kleine dingen die veranderen aan je baby en je leert hem steeds beter kennen.

WAT GEBEURT ER LICHAMELIJK?

Je lichaam is waarschijnlijk nog lang niet terug in zijn oude vorm, dat heeft echt tijd nodig. Je bekkenbodem, buik-spieren, huid en bindweefsel zijn im-mers negen maanden lang uitgerekt; het is dus niet vreemd als het herstel ook zo lang duurt. Als je borstvoeding geeft, heb je waarschijnlijk een of meer cupmaten erbij gekregen. Zodra je stopt met borstvoeding worden je borsten kleiner. Schrik niet: het over-gebleven borstweefsel kan heel slap zijn, maar dat wordt in de loop der tijd weer steviger.

Het bloedverlies kan tot zes weken na de bevalling duren. Het is moge-lijk dat je bloedverlies toeneemt als je meer beweging krijgt. Heb je ineens veel bloedverlies? Dat is mogelijk je

eerste menstruatie. Als je flesvoeding geeft, kun je na een week of vier al de eerste menstruatie verwachten, maar later kan ook. De meeste vrouwen die borstvoeding geven, worden pas ongesteld nadat ze gestopt zijn. Maar het is mogelijk om tijdens de borstvoedingsperiode al een eisprong te krijgen, met name als je geen nachtvoedingen meer geeft. Prolactine heeft namelijk een remmende werking op oestrogeen, het hormoon dat je cyclus weer op gang brengt. Vooral tijdens nachtvoedingen maakt je lichaam een flinke hoeveelheid prolactine aan.

Misschien had je tijdens de zwangerschap al last van urineverlies of heb je dat sinds de bevalling. Incontinentie komt vaak voor bij jonge moeders en is echt geen reden tot schaamte. Blijf wel genoeg drinken en neem de tijd om goed uit te plassen. Je mag direct na de bevalling beginnen met lichte bekkenbodemoefeningen. Span je bekkenbodemspieren kort aan en probeer je bekkenbodem 'omhoog' te trekken. Herhaal dat een aantal keren per dag, eerst liggend, later ook staand. Het is de bedoeling dat je verbetering merkt in de loop van de eerste zes weken na de bevalling. Als dat onvoldoende of niet het geval is, kan een erkende bekkenbodemfysiotherapeut je helpen met oefeningen. Dit is voor veel vrouwen effectief gebleken.

Veel jonge ouders klagen over vermoeidheid. Dat is niet zo vreemd: gebroken nachten, de grote hoeveelheid tijd die de verzorging van een baby kost en nauwelijks tijd om even op te laden. Vermoeidheid kan somberheid in de hand werken. Als je buiten de zwangerschap om al eens last hebt gehad van depressieve gevoelens, is het extra belangrijk om genoeg rust te krijgen. Bovendien is het dan van groot belang dat je niet verdrinkt in huishoudelijke taken en de verzorging van je baby, maar dat je een vaste dagstructuur aanhoudt. Vraag vooral hulp aan je partner of vrienden en familie als dat niet lukt in je eentje.

Het kan gebeuren dat je langdurig nergens zin in hebt of continu somber bent. Of dat je eigenlijk helemaal niet geniet van je baby. Als jijzelf of je partner dat merkt, is het belangrijk om hulp te zoeken, bijvoorbeeld bij je huisarts. Een postpartum depressie (PPD, vroeger postnatale depressie genoemd) overkomt heel wat jonge moeders en treedt vaak pas op als alle hulpverleners zijn vertrokken.

WAT GEBEURT ER MET JE BABY?

Zoals je merkt is je baby vooral heel hard aan het groeien! Als je wekelijks een foto van je baby maakt in min of meer dezelfde positie zie je duidelijk hoe ongelooflijk snel dat gaat. Dat groeien kost energie en daarom drinkt en slaapt een baby veel. Hoeveel precies is per baby heel verschillend. Probeer een ritme te vinden waarbij je hem voedt wanneer hij wakker wordt, en vervolgens even knuffelt en met hem speelt op je schoot. Wanneer je baby de geur van jou en je partner ruikt, jullie stemmen hoort en oogcontact met jullie heeft, krijgt hij een sterke, veilige binding met jullie. Observeer je baby goed: zodra hij wegkijkt of interesse lijkt te verliezen, mag je hem in de box leggen. Daar kan hij op zijn eigen tempo spelen of rondkijken. Gapen, jengelen of in de oogjes wrijven zijn tekenen dat je baby moe is; leg hem dan in zijn bedje. Het is gebleken dat baby's zich goed voelen bij een dergelijk ritme en daardoor minder huilen.

Alle baby's huilen echter, het is immers de enige manier waarop ze zich kunnen uiten. Over het algemeen huilt een baby in de eerste zes weken steeds iets meer, tot wel een paar uur per dag, daarna neemt het vaak af. Vermoeidheid, krampjes, honger en eenzaamheid kunnen allemaal redenen zijn voor een kind om te huilen. Troosten is dan goed, dat geeft je baby een gevoel van veiligheid en het versterkt jullie band. Veel ouders zijn bang dat ze hun kind op deze manier verwennen; dat kan inderdaad, maar pas vanaf een maand of zes. Je hoeft je kindje ook niet bij elke kik op te pakken. Als je hem net gevoed en verschoond hebt en je baby ligt veilig in zijn bedje, dan mag je hem best een tijdje laten huilen. Ga elke vijf minuten even kijken en wacht rustig af. Sommige kinderen vallen op deze manier vanzelf in slaap. Merk je aan jezelf of je partner dat het huilen jullie te veel wordt? Dan is het belangrijk dat je de baby veilig weglegt en pas terugkomt wanneer

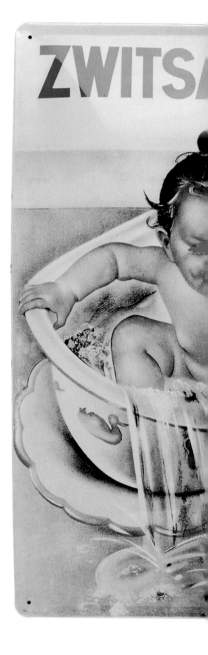

je gekalmeerd bent. Soms zijn ouders zo vermoeid en machteloos door het vele huilen dat ze hun baby heen en weer schudden en zo hersenletsel toebrengen. Op babyopkomst.nl zie je nog meer tips voor wat je kunt doen als je baby veel huilt.

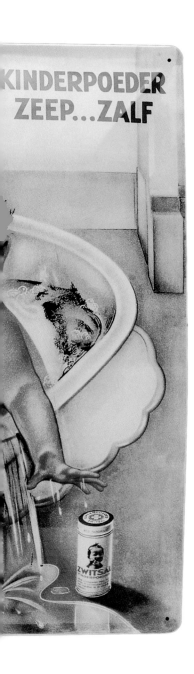

Het consultatiebureau controleert de groei en ontwikkeling van je baby en geeft hem de nodige vaccinaties. Mocht je twijfelen of je baby voldoende borstvoeding drinkt, dan kun je hem bij het consultatiebureau extra laten wegen. Als je baby koorts heeft

of juist een te lage temperatuur (onder de 36,5 °C) is het belangrijk dat je de huisarts belt. Bij baby's is het niet verstandig om af te wachten. Dit geldt ook als je uitslag ziet bij je baby die anders is dan luieruitslag.

BORSTVOEDING

Hopelijk is je borstvoeding nu 'op gang' en geniet je ervan dat je baby zo fantastisch groeit op wat jij hem geeft. Net als in de buik komen ook nu groeispurten voor en tijdens zo'n periode heeft je baby behoefte aan meer melk. Hij meldt zich dan gedurende een of twee dagen vaker voor een voeding dan voorheen; dit worden 'regeldagen' genoemd. Als je zelf het idee hebt dat je voeding terugloopt, kun je dit controleren: kijk naar de tevredenheid van je baby en het aantal plas- en poepluiers en vergelijk dat met wat het eerst was. Een paar keer extra wegen laat zien of je baby aankomt. Blijkt dat je voeding echt minder wordt? Dan kun je een regeldag nabootsen. Kolf een uur na de voeding een minuut of vijf voeding af, een dag lang. Je lichaam krijgt dan een signaal dat er meer melk moet worden aangemaakt. Dat gaat het beste als je gezond eet, veel water drinkt en bovendien rust neemt, dus wat extra hulp bij de verzorging van de baby en bij je huishouden is dan wel fijn.

Borstvoeding produceren kost energie en de kwaliteit van je melk wordt mede bepaald door wat jij eet. Het is daarom aan te raden om je eetlust te volgen en

je gezonde eetgewoontes van de zwangerschap voort te zetten. Mocht dat een dagje niet lukken, dan kan een multivitamine uitkomst bieden. Ook tijdens de borstvoedingsperiode is afvallen geen goed idee. De afvalstoffen die in je bloed circuleren, komen namelijk in de melk terecht. Net als alcohol en nicotine overigens, daarom worden roken en drinken sterk afgeraden zolang je borstvoeding geeft.

Ga je over een paar maanden weer werken? Begin dan alvast met het aanleggen van een voorraadje melk. Meestal heb je bij de eerste voeding van de dag veel melk. Kolf nadat je baby heeft gedronken nog wat melk af en vries deze in. Zet de hoeveelheid en de datum op het zakje of bakje. Wees wel voorzichtig met afkolven en kijk eerst wat je lichaam doet als je een of twee keer op een dag een kleine hoeveelheid afkolft. Sommige vrouwen produceren dan heel veel melk, wat een grotere kans geeft op een borstontsteking.

ALLES IS ANDERS

Zoals je wel hebt gemerkt, is je hele leven omgegooid. En dat is even wennen, op z'n zachtst gezegd. Was je vroeger een supervrouw die na een volle dag werken nog ging sporten en daarna met vriendinnen afsprak, nu ben je blij als je hebt gedoucht en de boodschappen in huis zijn. Hoewel tijdschriften ons vaak anders willen laten geloven, zitten bijna alle jonge moeders in hetzelfde schuitje. En die worden er, net als jij, ook af en toe

niet vrolijk van. Hoe leuk en lief je baby ook is. Daarom wat tips:

- Het helpt als je voor jezelf de lat niet te hoog legt. Je huis is niet spic en span, je kasten zijn niet opgeruimd, je vrienden heb je verwaarloosd. Dat moet maar even zo, je prioriteiten liggen nu ergens anders. Goed zorgen voor je baby en jezelf is momenteel belangrijker. De rest komt echt weer in het komende jaar.
- Geef jezelf (en je partner misschien ook) even pauze. Ga iets doen wat je leuk vindt zonder de baby, als je dat aankunt én als je afgekolfde melk hebt. Even winkelen, afspreken met een vriendin of uit eten gaan met je partner. Er is vast wel iemand die graag een paar uur op je baby wil passen. Je bent echt geen ontaarde moeder als je iets voor jezelf wilt doen.
- Neem hulp aan van anderen als die wordt aangeboden of vraag hulp. Iemand die bijvoorbeeld een keer voor je kookt, je helpt opruimen of je andere kinderen ophaalt van school. Het is geen schande en de meeste mensen helpen graag.
- Ga zodra de baby slaapt zelf ook even liggen, vooral als je nachten nog gebroken zijn. Het helpt om jezelf op te laden én om voldoende borstvoeding aan te maken.

SEKS EN ANTICONCEPTIE

Zodra je bloedverlies is gestopt, mag je weer vrijen. In de praktijk blijkt dat er enorme verschillen zijn in wanneer ouders die net een baby hebben gekregen hun seksleven hervatten. Door vermoeidheid, angst of gebrek aan zin in vrijen kan dat maanden of soms wel een jaar duren. Veel vrouwen, en soms ook mannen, zien nogal op tegen de eerste keer gemeenschap na de bevalling. Mocht dat bij jullie het geval zijn, houd dan rekening met elkaar en begin rustig. Bij borstvoedende vrouwen is de vaginawand droger door het lage oestrogeengehalte. Besteed daarom veel tijd aan het voorspel of gebruik een glijmiddel.

Vaak heb je het zo druk in die eerste maanden, dat je niet hebt gedacht aan wat je nu wilt wat betreft anticonceptie. Gebruik dan altijd een condoom als je vrijt, ook bij de eerste keer. Vergeet niet dat er veertien dagen zitten tussen een eisprong en de menstruatie, dus het is absoluut mogelijk dat je vruchtbaar bent als je nog geen menstruatie hebt gehad. Ook als je deze keer zwanger bent geworden met behulp van hormoonbehandelingen, IVF of ICSI bestaat er nog steeds een kans op een spontane zwangerschap. Bij borstvoeding is het aan te raden om een anticonceptiemiddel te gebruiken dat geen oestrogeen bevat. Oestrogeen kan namelijk de melkproductie remmen. De zogenaamde minipil, die alleen progesteron bevat, kan heel goed bij borstvoeding worden ge-

bruikt. Ook kun je het hormoonhoudend spiraaltje of staafje gebruiken. Een spiraal kan vanaf zes weken na de bevalling geplaatst worden. Vaak wordt echter aangeraden om dat na tien weken te doen. De baarmoederwand is dan namelijk wat steviger.

Bekijk alle voor- en nadelen van elke methode, bijvoorbeeld op anticonceptie.nl, en bedenk wat goed bij jou past. Je huisarts en verloskundige kunnen hier natuurlijk bij helpen.

BACK IN SHAPE

In het hoofdstuk Sport heeft Radmilo een programma speciaal voor pas bevallen moeders opgesteld. Zes weken na de bevalling mag je weer rustig aan beginnen met oefeningen.

Dat is van harte aan te bevelen, zelfs als je nog heel vermoeid bent. Sporten bevordert de doorbloeding in je lichaam, wat je herstel ten goede komt. Door je bekkenbodem- en buikspieren te trainen, voelt je onderlichaam wat minder 'uitgezakt' en weer wat meer van jou. De oefeningen voor je armen, schouders en rug zijn ook belangrijk, met name nu je vaak in dezelfde houding zit om te voeden. Bovendien wordt je baby met de week zwaarder en til je hem veel. Als je hiervoor niet genoeg spierkracht hebt, liggen blessures en klachten op de loer. Verder heeft sporten een mentaal effect: het geeft je nét even die oppepper die je nodig hebt en met een fitter lijf voel je je gewoon beter.

Het fijne van de oefeningen in dit boek is dat je niets hoeft te organiseren, behalve wat tijd vrijmaken. Je kunt zelfs in je eigen huis trainen, op een moment dat jou uitkomt.

Volg het programma dat wat betreft intensiteit steeds een klein stapje verdergaat en je zult zien dat je na drie maanden een krachtige en fitte moeder bent!

Wist je dat:

- Borstvoeding drie dagen in de koelkast en drie maanden in de vriezer bewaard kan worden?
- In de wet is vastgelegd dat je een gedeelte van je werktijd aan borstvoeding mag besteden?
- Een toeschietreflex eerst alleen optreedt als de baby drinkt, maar later ook kan ontstaan als je aan je baby denkt, hem ruikt of een foto van hem ziet? Dit kan helpen als je gaat kolven.
- Je baby bij de geboorte alles zwart-wit ziet en alleen scherp kan zien tot een afstand van 20 cm? Bij drie tot vier maanden is dit al ontwikkeld tot het zicht dat volwassenen hebben.

DEEL 2

SPORT EN TRAININGEN

In dit deel vind je alle oefeningen die je helpen om je tijdens je zwangerschap energiek te voelen.

Een zwangerschap is namelijk topsport voor je lichaam. Soda Bodyfit heeft voor vrouwen die zwanger willen worden, die zwanger zijn of die na de bevalling back in shape willen komen een speciaal programma ontwikkeld. Met onze ervaring hebben wij oefeningen gemaakt waarmee je je conditie, spierkracht, mobiliteit en stabiliteit optimaliseert. Dit helpt je om allerlei zwangerschapskwalen te voorkomen of te verhelpen.

SPORT

IS GOED VOOR JOU
EN JE BABY

Om maar met de deur in huis te vallen: sporten mág tijdens de zwangerschap.
Het is zelfs een heel goed idee om te sporten, zowel voor jezelf als voor de
gezondheid van je baby.

Door sporten verbetert je bloedsomloop, ook die in de placenta. Een goed doorbloede placenta voert extra zuurstof en voedingsstoffen aan naar de baby, waardoor de kans op een groeiachterstand kleiner wordt. Er zijn aanwijzingen dat de placenta door veel bewegen beter groeit, met name rond het midden van de zwangerschap, en daardoor tot het einde van de zwangerschap beter functioneert. En dan is er nog een heel setje voordelen voor jezelf:

- (Buiten) bewegen verbetert je conditie en immuunsysteem, waardoor je een betere afweer tegen ziekten opbouwt.
- Door sporten verbruik je het teveel aan calorieën in je lichaam, wat tijdens je zwangerschap tot een normale gewichtstoename leidt.
- Sportende zwangeren krijgen minder vaak last van complicaties als hoge bloeddruk en zwangerschapskwalen als bekkenpijn.
- Door beweging voel je je fitter en slaap je beter.
- Tijdens het sporten maakt je lichaam endorfine aan, en daar knapt je humeur van op.
- Het is wetenschappelijk bewezen dat zwangeren die sporten vaker zonder ingrepen bevallen.
- Na de bevalling kom je gemakkelijker in vorm.

Redenen te over dus om lekker te blijven bewegen tijdens de zwangerschap! Radmilo heeft door de jaren heen veel ervaring opgedaan met het trainen van zwangere vrouwen en een speciaal trainingsprogramma voor hen ontwikkeld. Dit programma vind je in dit hoofdstuk. Het is erop gericht om mobiliteit, lenigheid, ontspanning, een juiste ademhaling, stabiliteit en kracht te ontwikkelen én te onderhouden. Ook worden er verschillende vormen van warming-up uitgelegd en krijg je schema's met oefeningen om blessures te voorkomen.

Veel vrouwen die niet fit genoeg zijn of weinig spierkracht hebben, krijgen sneller last van blessures en lichamelijke kwaaltjes. Denk aan kwalen als bekkeninstabiliteit of lage rugpijn en blessures aan de enkels en knieën.

Om dit te voorkomen, heeft Radmilo een op maat gemaakt programma ontwikkeld. Per spiergroep wordt uitgelegd wat je het beste kunt doen. De oefeningen zijn voor iedereen geschikt, of je nu gewend was om te sporten of niet. Het programma is goed opgebouwd, zodat elke zwangere vrouw met een gerust hart kan sporten!

Er verandert een aantal dingen in je lichaam tijdens de zwangerschap. Deze zijn ook van belang als je sport. Ten eerste zorgt het hormoon progesteron ervoor dat alle spieren, pezen

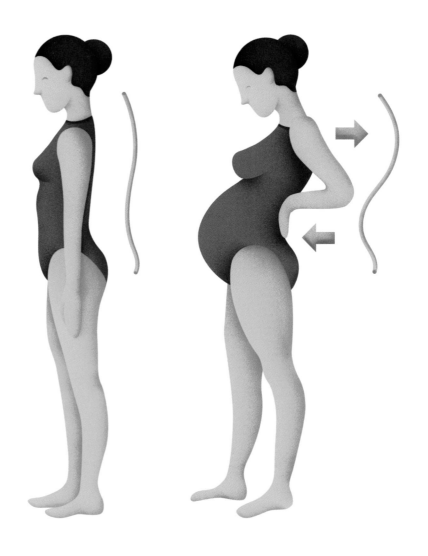

Houdingsverandering tijdens de zwangerschap

en banden in je lichaam zachter worden; ze verweken. Die verweking maakt het mogelijk dat je buik flink uitzet en dat tijdens de bevalling je bekken zich aanpast aan de grootte van het babyhoofdje. Maar die relatieve verslapping zorgt er ook voor dat je gevoeliger wordt voor blessures, dat je gewrichten meer te verduren krijgen en dat je minder gewicht kunt

tillen dan normaal. Je spieren moeten dit allemaal opvangen, en het is dus belangrijk dat die sterk genoeg zijn.
Je rechte buikspieren zijn tijdens de zwangerschap niet te trainen, het is juist de bedoeling dat die wijken om plaats te maken voor de baby. De daarachter gelegen schuine buikspieren kun je wel trainen, zelfs tot aan de bevalling.

Verder kom je natuurlijk in gewicht aan, dat is zeker de bedoeling. Gemiddeld komt een vrouw 12 kilo aan tijdens een zwangerschap. Aangezien dat gewicht voor een groot deel in je buik zit, verandert het zwaartepunt van je lichaam. Om toch je evenwicht te behouden, houd je tijdens lopen en staan automatisch je borst vooruit en krijg je een hollere rug (lordose). Dit kan ervoor zorgen dat je eerder last krijgt van een zwaar gevoel of pijn in je onderrug.

Ook de longfunctie verandert tijdens de zwangerschap. Je middenrif komt hoger te staan, je neemt diepere ademteugen en je 'hyperventileert' licht. Dit laatste kan vanaf het tweede trimester een gevoel van ademnood veroorzaken of je gaat sneller hijgen tijdens het bewegen. Dit betekent dus niet dat je conditie achteruitgaat, het hoort bij de zwangerschap. Let wel: stop altijd met je bezigheden bij duizeligheid of als je je niet lekker voelt!

Als je het gewend was om voor je zwangerschap te sporten en je wilt weten of je dit kunt voortzetten, houd dan rekening met bovenstaande veranderingen. Sporten die echt afgeraden worden tijdens de gehele zwangerschap zijn diepzeeduiken en skiën boven de 2000 meter, net als allerlei avontuursporten, waaronder parachutespringen. Verder zijn er sporten die een vrij hoog valrisico hebben, zoals paardrijden en schaatsen. Deze zijn vanaf het tweede trimester af te raden, evenals sporten waarbij je gemakkelijk een voorwerp hard in je buik kunt krijgen, zoals voet-

bal of hockey. Bij sporten als aerobics en hardlopen krijgt je lichaam redelijk wat 'schokken' te verwerken. Dit is meestal geen probleem in het eerste trimester, maar zodra je zwaarder wordt kan dit belastend zijn voor je bekkenbodem en de banden die je baarmoeder op zijn plaats houden. Kijk in dit hoofdstuk naar een goed alternatief en kies een programma dat bij jouw fitheid past.

SPORTEN EN CORTISOL

Het hormoon cortisol speelt een belangrijke rol bij het slaap- en waakritme van je lichaam. De cortisolproductie stijgt in de vroege ochtend; hierdoor word je wakker en krijg je een hongergevoel. Tegen het einde van de ochtend begint je cortisolproductie langzaam te dalen en tegen de avond is deze op haar laagst, waardoor je behoefte krijgt aan slaap.

Als je zwanger bent, is het goed om te letten op je natuurlijke slaap- en waakritme en hier regelmaat in te houden, want dit bevordert een goede nachtrust. Om je cortisolaanmaak op zijn natuurlijke beloop te laten, sport je het beste wanneer je cortisolgehalte hoog is. Dat is de hele ochtend en middag tot ongeveer 16.00 uur. Daarna behoort je cortisolspiegel te dalen en kun je beter niet meer sporten. Zo help je je lichaam in zijn natuurlijke ruststand te komen en slaap je beter.

- Zorg dat je weet waar je mogelijkheden en grenzen liggen. Voor elk trimester én ieder persoon gelden andere omstandigheden. De oefeningen zijn gemakkelijk zwaarder te maken door een elastiek of gewicht toe te voegen of deze juist weg te laten als je de oefeningen wilt verlichten.

- Laat je hartslag niet boven de 140 slagen per minuut uitkomen, dan zit je in de veilige zone. Tijdens de zwangerschap gaat je hartfrequentie iets omhoog, dus je kunt eerder die 140 slagen per minuut bereiken dan je gewend was.

- Het is belangrijk om extra veel te drinken tijdens en na het sporten. Tijdens je zwangerschap transpireer je mogelijk meer dan normaal en verlies je dus meer vocht.

- Zorg dat je niet oververhit raakt. Dat doe je door een rustig tempo aan te houden, goed te drinken en luchtige kleding te dragen.

- Eet voldoende voedzame koolhydraten ongeveer anderhalf uur voor het sporten. Koolhydraten vormen de belangrijkste energiebron voor je lichaam. Vanaf het tweede trimester gaat je stofwisseling omhoog; dit in combinatie met sporten kan zorgen voor een laag bloedsuikergehalte, waardoor je je flauw of duizelig voelt. Daarom is het belangrijk om voldoende brandstof in de vorm van koolhydraten te eten. Deze zitten onder andere in graanproducten, zoals volkorenbrood, zilvervliesrijst, volkorenpasta en in peulvruchten. Ná het sporten is het goed om je eiwitten en mineralen aan te vullen; zie hiervoor het hoofdstuk Voeding.

- Neem de tijd voor een warmingup en cooling-down. Zo krijgt je lichaam de kans om langzaam op te warmen en weer tot rust te komen. Stretch voorzichtig, want door de soepele gewrichtsbanden belast je sneller een spier of pees.

- Bij heel intensief of langdurig trainen kunnen je spieren 'verzuren'. Dit is niet verstandig tijdens de zwangerschap. Het geproduceerde melkzuur kan de placenta passeren en schadelijk zijn voor de baby. Doe dus alles op een rustig tempo en met mate. Ook rust tussen de oefeningen en voldoende nachtrust helpen om verzuring te voorkomen.

- Draag een goed ondersteunende sport-bh zonder beugels. Je borsten nemen in omvang en gevoeligheid toe en goede ondersteuning voorkomt dat je last van je borsten en rug krijgt.

- Ondersteun je buik als hij zwaarder wordt met een stevige band of broek. De banden die je baarmoeder op zijn plek houden, worden dan minder belast.

- Als je gaat hardlopen of wandelen, zorg dan voor hardloopschoenen met goede demping. Je voeten dragen extra veel gewicht en hardloopschoenen met demping vangen deze verhoogde impact beter op.

- Voor elke vorm van bewegen geldt: stop als je je niet lekker voelt of hartkloppingen krijgt! Harde buiken krijgen ná het sporten kan betekenen dat je het iets te fanatiek hebt aangepakt. Neem rust en ga de volgende keer door tot een iets lager niveau of sport een kortere tijd. Harde buiken kunnen verholpen worden door een warme douche of een warme (geen gloeiend hete) kruik.

- De oefeningen in dit boek zijn geschikt voor iedereen: jong en oud, zwanger of niet, man en vrouw. Dus waarom niet samen met je partner, buurvrouw, vriendin of zus lekker bewegen? Juist als je van jezelf weet dat je alleen sport als je een stok achter de deur hebt, kan afspreken met iemand een goed idee zijn. Gezellig, gezond en motiverend!

PLAN VAN AANPAK

Dit deel over sport bevat alle oefeningen die je nodig hebt om voor jezelf een training op maat te maken. Je kunt deze helemaal aanpassen aan jouw eigen behoeften en aan je beginniveau. Al doende zul je merken hoe het gesteld is met jouw kracht, lenigheid, balans, coördinatie en uithoudingsvermogen.

Om te bepalen wat jouw niveau is, zijn er verschillende soorten oefeningen gemaakt. Zo zijn er de body weight exercises, dit zijn oefeningen met je eigen lichaamsgewicht. Als deze oefeningen zwaar genoeg aanvoelen, is dit voor jou een goed beginniveau. Als je voelt dat je sterker bent of wordt, kun je kiezen voor de oefeningen met de elastic (power) band. De weerstand wordt dan zwaarder, je lichaam moet meer kracht leveren en daardoor word je sterker. Het aantal sessies (sets) en herhalingen (reps) staan in de diverse schema's, maar deze hoef je niet per se aan te houden. Luister goed naar je lichaam: als je voelt dat je na twee sets in plaats van drie genoeg hebt gedaan, stop dan gerust. Minder sets of herhalingen is niet erg, maar het is niet nodig om meer te doen dan het schema aangeeft. Het fijne aan deze manier van sporten is dat je het niet fout kunt doen; alles wat goed voelt, is goed!

Verderop staat een voorbeeld van een trainingsschema voor een week: dit geeft inzicht in hoe je een week met trainingen kunt plannen. Je ziet dat elke training bestaat uit een warming-up, een workout en een cooling-down. Voor elke soort workout staat een inleiding. Lees deze goed door, dan weet je waar de workout voor bedoeld is. Kijk goed naar de uitleg van de oefeningen en let op je houding. Aan het einde van dit hoofdstuk vind je een gedeelte om back in shape te komen. Hierin vind je alle oefeningen met de verschillende attributen terug. Als je tijdens je zwangerschap alle workouts hebt gedaan, dan heb je al toegewerkt naar je back in shape-training.

Als je wilt trainen tijdens je zwangerschap is het belangrijk dat je je lichaam goed voorbereidt. Door het uitvoeren van corrective exercises en movement preparation verbetert de functie van het neuromusculaire systeem. Dit houdt in het verbeteren van de samenwerking tussen de spieren en zenuwen.

Je vergroot tijdens een warming-up je range of motion (je bewegingsuitslag). Tijdens het opwarmen verhoog je je hartslag en lichaamstemperatuur en verbeter je de bloedtoevoer naar de spieren. Opwarmen zorgt voor minder stress voor je spieren en pezen en het verbetert de uitvoering van de oefeningen. De kans op blessures wordt daardoor geminimaliseerd.

CORRECTIVE EXERCISES

De naam zegt het eigenlijk al: oefeningen die jou corrigeren. Corrective exercises worden gedaan wanneer je bepaalde oefeningen lastig kunt uitvoeren of als je pijn krijgt door bepaalde oefeningen. De corrective exercises zorgen ervoor dat je de uitvoering verbetert en een training pijnloos kunt doen. Vaak gaat het om een fout in je houding, een deel van je lichaam dat niet genoeg mobiliteit ervaart of spieren die niet in balans zijn. Daardoor treedt er compensatiegedrag op binnen je bewegingsstelsel, wat blessures kan veroorzaken. Corrective exercises worden vaak aan het begin van de training gedaan of als warming-up, maar aangezien je altijd gecorrigeerd wilt worden als je iets niet goed uitvoert, moet je er te allen tijde alert op zijn dat je de oefening beter uitvoert, dus ook gedurende de training. Correctheid gaat boven alles, zeker als je zwanger bent. Omdat je zwaartepunt verandert en je hormonen in je lichaam hebt die alles weker maken, zijn deze oefeningen belangrijk.

MOVEMENT PREPARATION

Deze manier van opwarmen is belangrijk omdat je zo je lichaam voorbereidt op de daadwerkelijke training. Anders dan dat je je lichaam opwarmt op een loopband of crosstrainer, waarbij letterlijk alleen de spieren warm worden en je hartslag versnelt, willen we je neuromusculaire systeem prikkelen, oftewel je zenuwstelsel activeren. De focus ligt op het opwarmen van je core (romp: buik, onderrug, bekken en heupen) en op het flexibel maken van je spieren. Je voert een reeks oefeningen uit die achter elkaar doorgaan en op die manier je balans, mobiliteit en stabiliteit verbeteren.

Dankzij movement preparation ben je beter voorbereid op wat er gaat komen.

N.B. De box met banden en de Swiss ball voor onze oefeningen zijn te koop via onze webshop: thestore.sodabodyfit.nl

VOORBEELD VAN EEN TRAININGSSCHEMA VOOR EEN WEEK

WEEKDAGEN	DYNAMISCHE WARMING-UP		WORKOUT		COOLING-DOWN
MAANDAG	Body weight		Kracht-dumbbells & ankle weights		Stretching
DINSDAG	Rustdag		Rustdag		Rustdag
WOENSDAG	Gymstick		Body & mind Yoga		Ademhaling Meditatie
DONDERDAG	Rustdag		Rustdag		Rustdag
VRIJDAG	Elastic (power) band		**Kracht** Elastic (power) band		Stretching
ZATERDAG	Rustdag		Rustdag		Rustdag
ZONDAG	Wandelen 60 min	of	Zwemmen 45 min	of	Fietsen 60 min

DYNAMISCHE WARMING-UP

MOBILITY GYMSTICK

Met een dynamische warming-up bereid je je spieren voor op de daadwerkelijke training.
Met dynamisch bedoelen we een warming-up waarbij bewogen wordt. De gymstick is een hulpmiddel om jouw spieren zo goed mogelijk op lengte te brengen en de mobiliteit van je lichaam te vergroten.

MOBILITY GYMSTICK WARMING-UP

	SET	REPS	TIME	REST
1. Gymstick hip & shoulder rotation, mobility	1	10	0 sec	10 sec
2. Gymstick shoulder rotation & mobility	1	10	0 sec	10 sec
3. Gymstick hamstring & low back mobility	1	10	0 sec	10 sec
4. Gymstick overhead squat mobility	1	10	0 sec	10 sec
5. Gymstick back & shoulder mobility	1	8	0 sec	10 sec
6. Gymstick single leg stretch, stiff mobility	1	10	0 sec	10 sec
7. Gymstick lunges & arm overhead mobility	1	8	0 sec	10 sec
8. Gymstick lunges rotation mobility	1	8	0 sec	10 sec

1. GYMSTICK HIP & SHOULDER ROTATION, MOBILITY (MOBILITEIT SCHOUDERS, HEUPEN & BOVENLICHAAM)

Starthouding Ga rechtop staan en zet je voeten iets breder neer dan schouderbreedte. Houd de gymstick zo breed mogelijk vast met je armen in de lucht.

Beweging Roteer je bovenlichaam van links naar rechts terwijl je de gymstick hoog boven je hoofd in de breedte vasthoudt. Neem steeds je voet mee als je indraait.

Aandachtspunten Span je buikspieren aan, houd je armen gestrekt en draai je hoofd mee met de beweging.

2. GYMSTICK SHOULDER ROTATION & MOBILITY (MOBILITEIT SCHOUDERS & BOVENLICHAAM)

Starthouding Zet je voeten neer ter breedte van je schouders en houd de gymstick zo breed mogelijk vast.

Beweging Beweeg de gymstick met een draaiende beweging om je lichaam heen. Dit herhaal je een aantal keer (zie trainingsschema) en dan draai je de gymstick in tegenovergestelde richting om je lichaam heen.

Aandachtspunten Span je buikspieren aan en houd je onderlichaam stil. Houd je armen gestrekt.

3. **GYMSTICK HAMSTRING & LOW BACK MOBILITY (STRETCH HAMSTRINGS, BOVENKANT, LAGE RUG & SCHOUDER-MOBILITEIT)**

Starthouding Zet je voeten iets breder neer dan schouderbreedte en houd je gymstick zo breed mogelijk vast met je armen gestrekt in de lucht.

Beweging Beweeg de gymstick van boven naar beneden. Herhaal dit meerdere malen.

Aandachtspunten Maak jezelf zo lang mogelijk en houd je benen goed gestrekt als je de beweging omlaag maakt.

4. **GYMSTICK OVERHEAD SQUAT MOBILITY (BENEN, BILLEN, BOVENKANT RUG & SCHOUDERS)**

Starthouding Zet je voeten uit elkaar en houd de gymstick zo breed mogelijk vast met gestrekte armen in de lucht.

Beweging Maak een squat in een hoek van 90 graden en houd daarbij je armen gestrekt in de lucht met de gymstick in de breedte.

Aandachtspunten Druk je hakken goed in de grond en houd je borst naar voren met je schouders naar achteren.

5. GYMSTICK BACK & SHOULDERS STRETCH, MOBILITY (STRETCH RUG & SCHOUDERS)

Starthouding Zet je voeten iets breder neer dan schouderbreedte. Zet de gymstick voor je op de grond en houd deze met beide, goed gestrekte, armen vast.

Beweging Kantel je bovenlichaam, zodat je hoofd zich tussen je armen bevindt en je naar de grond kijkt. Je armen blijven gestrekt voor je op de gymstick. Voel de spanning tussen je schouderbladen en rug.

Aandachtspunten Strek je benen en armen en houd je rug recht.

6. GYMSTICK SINGLE LEG, STIFF STRETCH & MOBILITY (STRETCH HAMSTRINGS, KUITEN, HEUPEN & BOVENKANT RUG)

Starthouding Ga rechtop staan, houd je gymstick zo breed mogelijk vast en je armen gestrekt voor je.

Beweging Ga op je linkerbeen staan, kantel je bovenlichaam naar voren en breng je rechterbeen gestrekt naar achteren en omhoog. Je armen blijven gestrekt voor je. Voel de spanning en wissel van been.

Aandachtspunten Behoud een lichte knik in je standbeen. Houd je heupen op één lijn, strek je armen en houd je rug recht. Span daarnaast je buikspieren aan.

7. GYMSTICK LUNGES & ARM OVER-HEAD MOBILITY (WARMING-UP BENEN, SCHOUDERS & BILLEN)

Starthouding Houd de gymstick zo breed mogelijk vast, zet je voeten naast elkaar en houd de gymstick boven je hoofd.

Beweging Stap uit met links en zak met je knie tot een hoek van 90 graden. Houd je armen omhoog. Kom terug naar het midden en stap uit met rechts.

Aandachtspunten Houd je bovenlichaam rechtop. Span je buikspieren aan en houd je armen gestrekt.

8. GYMSTICK LUNGE ROTATION MOBILI-TY (WARMING-UP BENEN, COREMOBI-LITEIT)

Starthouding Houd de gymstick zo breed mogelijk voor je vast.

Beweging Stap uit met links, draai de gymstick om je rechteras heen, duw jezelf omhoog en stap uit met rechts, draai vervolgens de gymstick om je linkeras. Kijk mee met de beweging als je de gymstick om je heen draait.

Aandachtspunten Houd je bovenlichaam rechtop en span je buikspieren aan. Zak zo diep mogelijk met je knie naar de grond. Strek je achterste been, zodat je de spanning voelt in je heupflexoren.

DYNAMISCHE WARMING-UP

BODY WEIGHT

Een dynamische warming-up/body weight houdt in dat je beweegt tijdens het opwarmen. Dit kun je prima doen met je eigen lichaamsgewicht.

Wanneer je op deze manier je lichaam opwarmt, ben je niet alleen bezig met je spieren warm te maken, maar je legt ook de focus op je neuromusculaire systeem. Je zenuwstelsel wordt geprikkeld voordat je aan je daadwerkelijke training begint. Dit heeft veel voordelen: je creëert een betere coördinatie, krijgt een betere balans en je levert meer focus, kracht en intensiteit.

BODY WEIGHT EXERCISES WORKOUT

		SET	REPS	TIME	REST
1.	Movement preparation knee touch	2	1	10 sec	5 sec
2.	Movement preparation glute & hip stretch	2	1	10 sec	5 sec
3.	Movement preparation hip, upper & lower body stretch	2	1	10 sec	5 sec
4.	Movement preparation leg & hip stretch	2	1	10 sec	5 sec
5.	Movement preparation leg & hip stretch, upper body rotation	2	1	10 sec	5 sec
6.	Movement preparation leg, hip & hamstring stretch	2	1	10 sec	5 sec

1. MOVEMENT PREPARATION KNEE TOUCH (LIES- & HEUPSTRETCH)

Starthouding Sta met je voeten naast elkaar in een rechte houding.

Beweging Breng je linkerknie omhoog en pak deze met beide handen vast. Je trekt je knie zo ver mogelijk naar je borst toe, zodat je de spanning voelt in je bovenbeen, lies en bil.

Tijdens het naar beneden brengen van je linkerbeen stap je meteen door naar voren. Vervolgens doe je hetzelfde met rechts. Herhaal deze oefening 10 keer met links en 10 met rechts.

Aandachtspunten Hierbij is balans een belangrijk onderdeel, evenals het versterken van de enkels. Houd je bovenlichaam goed rechtop, met je schouders naar achteren en je borst naar voren.

2. MOVEMENT PREPARATION GLUTE & HIP STRETCH (BIL- & HEUPSTRETCH)

Starthouding Sta met beide voeten naast elkaar in een rechte houding.

Beweging Breng je linkerbeen omhoog en pak met beide handen je scheenbeen vast, waarbij je linkerknie naar buiten draait. Zorg ervoor dat je linkerhak ter hoogte van je rechterbovenbeen komt. Je trekt je scheenbeen richting je borst, zodat je de spanning voelt in je bovenbeen, lies en bil.

Zet je linkerbeen neer en doe hetzelfde met je rechterbeen. Herhaal deze oefening 10 keer met links en 10 met rechts.

Aandachtspunten Ook bij deze oefening is balans zeer belangrijk, net als het versterken van je enkels. Houd je bovenlichaam goed rechtop met de schouders naar achteren en borst vooruit. Laat je nek en schouders niet inzakken.

3. MOVEMENT PREPARATION HIP FLEXOR STRETCH, UPPER & LOWER BODY STRETCH (HEUPFLEXOREN, BOVEN- & ONDERLICHAAM)

Starthouding Sta rechtop met beide voeten naast elkaar.

Beweging Stap uit met rechts en zak door beide knieën totdat je met je rechterknie een hoek van 90 graden hebt gemaakt. Steek je linkerarm omhoog, draai met je rechterarm je bovenlichaam naar rechts en probeer je linkerkuit aan te raken.

Op deze manier roteer je het makkelijkst. Kom weer omhoog, stap uit met links en roteer nu naar de andere kant. Vergeet niet nu je rechterarm omhoog te steken.

Aandachtspunten Houd je bovenlichaam rechtop, anders voel je niet de spanning bij de heupflexoren (heupbuigers), dus duw je borst vooruit en je schouders naar achteren. Zorg dat je rotatie zowel links als rechts groot genoeg is voor het juiste effect.

4. MOVEMENT PREPARATION LEG & HIP STRETCH (BENEN & HEUPEN)

Starthouding Sta rechtop met beide voeten naast elkaar.

Beweging Stap met je linkerbeen naar voren, je rechterbeen blijft achter. Plaats je handen links en rechts van je linkerbeen op de grond. Houd je rechterbeen gestrekt achter je en voel de spanning. Houd dit drie seconden vast en stap daarna door met rechts voor en links achter. Plaats opnieuw je handen op de grond naast je rechterbeen.

Aandachtspunten Houd je achterste been goed gestrekt en duw je hiel in de grond.

5. MOVEMENT PREPARATION LEG & HIP STRETCH, UPPER BODY ROTATION (BENEN, HEUPEN & BOVENLICHAAM STRETCHEN)

Starthouding Sta rechtop met beide voeten naast elkaar.

Beweging Stap met je linkerbeen naar voren, je rechterbeen blijft achter. Plaats je handen aan de binnenkant van je linkerbeen op de grond en pak met je linkerhand je rechterelleboog kort vast. Laat hem daarna los en breng je linkerarm gestrekt naar boven. Kijk mee met deze beweging.
Wissel daarna van been en arm.

Aandachtspunten Houd je achterste been goed gestrekt en duw je hiel in de grond.

6. MOVEMENT PREPARATION LEG, HIP & HAMSTRING STRETCH (BENEN & HEUPEN)

Starthouding Sta rechtop met beide voeten naast elkaar.

Beweging Stap met je linkerbeen naar voren, je rechterbeen blijft achter. Plaats je handen links en rechts van je voorste been op de grond. Houd je rechterbeen gestrekt achter je en voel de spanning. Duw dan je lichaam naar achteren, zodat je beide benen strekt en trek je voorste voet naar je toe.
Houd dit even vast en stap door met rechts voor en links achter.

Aandachtspunten Houd je achterste been goed gestrekt en duw je hiel in de grond.

DYNAMISCHE WARMING-UP

ELASTIC (POWER) BAND

Ook deze vorm van warming-up gebeurt in een bewegende modus. De elastic band is bij deze oefeningen een prima tool om je spieren mee warm te maken en te activeren. De weerstand van het elastiek zorgt voor de perfecte balans tussen je lichaam prikkelen en klaarmaken voor je training. De blessuregevoeligheid van deze warming-up is minimaal.

ELASTIC (POWER) BAND EXERCISES WORKOUT

	SET	REPS	TIME	REST
1. Corrective exercise elastic band arm extension	3	10	0	15 sec
2. Corrective exercise elastic band diagonal arm extension	3	10	0	15 sec
3. Corrective exercise elastic band shoulder & back mobility	3	10	0	15 sec
4. Corrective exercise elastic band overhead shoulder press	3	10	0	15 sec
5. Corrective exercise mini band leg walk	3	10	0	15 sec
6. Corrective exercise mini band side steps	3	10	0	15 sec

1. **CORRECTIVE EXERCISE ELASTIC BAND ARM EXTENSION (ACTIVATIE SCHOUDERSPIEREN, ARMSPIEREN & BOVENKANT RUGSPIEREN)**

Starthouding Pak het elastiek met beide handen aan het uiteinde bovenhands vast. Sta rechtop met je voeten op schouderbreedte.

Beweging Je armen moeten gebogen beginnen, houd je ellebogen op schouderhoogte en trek het elastiek in de breedte uit. Breng het elastiek richting je borst. Herhaal deze beweging volgens het schema.

Aandachtspunten Houd je lichaam goed aangespannen, zorg ervoor dat je je armen helemaal strekt en laat het elastiek niet terugklappen, maar rustig met weerstand terugveren.

2. **CORRECTIVE EXERCISE ELASTIC BAND ARM EXTENSION (SCHOUDERS-, NEK-, ARM- & RUGSPIEREN)**

Starthouding Pak het elastiek bij beide uiteinden vast en sta rechtop.

Beweging Houd het elastiek diagonaal vast en trek dit tot je armen gestrekt zijn voor je borst langs. Herhaal dit meerdere keren en wissel daarna van arm.

Aandachtspunten Blijf rechtop staan en span je buikspieren aan.

3. CORRECTIVE EXERCISE ELASTIC BAND SHOULDERS & BACK MOBILITY (ACTIVATIE SCHOUDERS & RUG)

Starthouding Pak je elastiek in de breedte vast.

Beweging Maak de rotatie in je schoudergewricht, zet lichte spanning op het elastiek, draai vervolgens je handen van je heup richting je billen en kijk hoever je komt.

Aandachtspunten Blijf je bovenlichaam aanspannen en sta rechtop met je borst vooruit en schouders naar achteren.

4. CORRECTIVE EXERCISE ELASTIC BAND SHOULDERS OVERHEAD PRESS (ACTIVATIE VAN JE SCHOUDERS, NEK & BUIK)

Starthouding Pak met beide handen het elastiek vast, zet je voeten op schouderbreedte en plaats je voeten in het elastiek.

Beweging Breng beide armen tegelijk omhoog en kom langzaam terug. Herhaal deze beweging volgens het schema.

Aandachtspunten Blijf je lichaam goed aanspannen en rechtop staan terwijl je het elastiek omhoogtrekt en laat terugveren. Let op dat je niet naar achteren of voren buigt tijdens deze beweging, blijf recht als een pilaar.

5. CORRECTIVE EXERCISE MINI BAND LEG WALK (BEEN- & BILSPIEREN ACTI-VATIE)

Starthouding Plaats de mini band om je enkels. Je beginpositie is licht door je benen gezakt, alsof je een squat maakt. Houd je voeten parallel aan elkaar.

Beweging Je voeten staan recht naar voren, zet je tenen niet naar buiten. Probeer zoveel mogelijk spanning te creëren door je voeten zo ver mogelijk uit elkaar te zetten. Loop met korte en krachtige stappen naar voren. Zet je handen in je zij.

Aandachtspunten Voel de spanning in de billen en de buitenkant van je benen. Blijf je lichaam goed aanspannen en loop rechtop.

6. CORRECTIVE EXERCISE MINI BAND SIDE STEPS (ACTIVATIE BIL- & BEEN-SPIEREN)

Starthouding Plaats de mini band om je enkels.

Beweging Zet je voeten neer op schouderbreedte en zet kleine zijwaartse stappen. Houd je handen in je zij of recht voor je, laat ze niet hangen. Loop zijwaarts, draai je aan het einde niet om maar loop met je gezicht naar dezelfde kant terug.

Aandachtspunten Houd de spanning op de mini band. Span je buik- en bilspieren goed aan. Til je voeten goed op, sleep ze dus niet over de vloer.

WORKOUT

BODY WEIGHT

Trainen met je eigen lichaamsgewicht is een veilige manier om je lichaam te trainen tijdens je zwangerschap. Je draagt immers genoeg extra kilo's mee. Body weight exercises kun je zo zwaar maken als je zelf wilt. Dit doe je door de duur van de oefening te verlengen met meer herhalingen of meer seconden.

BODY WEIGHT EXERCISES WORKOUT

	SET	REPS	TIME	REST
1. Lunges	3	10 /12	0 sec	30 sec
2. Squat & leg side raise	3	10 /12	0 sec	30 sec
3. Side lunge	3	10 /12	0 sec	30 sec
4. Back kick	3	10 /12	0 sec	30 sec
5. Hip bridge	3	10 /12	0 sec	30 sec
6. Plank	3	10 /12	0 sec	30 sec
7. Side plank	3	10 /12	0 sec	30 sec

1. LUNGES (BOVENBENEN & BILSPIEREN)

Starthouding Zet je linkervoet voor en houd je handen in je zij.

Beweging Zak zo diep mogelijk door beide benen en ga weer rechtop staan terwijl je linkervoet voor blijft staan. Herhaal deze beweging volgens het schema.

Aandachtspunten Houd je bovenlichaam rechtop en span je buik- en bilspieren aan. Zorg voor genoeg ruimte tussen je voorste en achterste voet, zodat je benen een hoek van ongeveer 90 graden maken. Heb je last van knieproblemen? Houd dan tijdens het zakken je knie achter je voorste voet.

2. SQUAT & LEG SIDE RAISE (BENEN, BILLEN & ZIJKANT BOVENBENEN)

Starthouding Plaats je voeten op schouderbreedte, vouw je handen in elkaar en plaats ze voor je borst.
Beweging Maak een squat en breng wanneer je omhoogkomt je linkerbeen zijwaarts omhoog. Je zakt opnieuw in een squat, komt omhoog en brengt nu je rechterbeen zijwaarts omhoog.

Aandachtspunten Strek je rug, duw je schouders naar achteren, borst open en billen goed naar achteren duwen als je zakt. Houd het been dat hoog is goed gestrekt.

3. SIDE LUNGE (BENEN & BILLEN)

Starthouding Sta rechtop met beide benen naast elkaar.
Beweging Stap naar links en buig je linkerbeen, hierbij strek je je rechterbeen. Zak daarna zo diep mogelijk en kom weer rechtop. Daarna herhaal je de oefening, dus je buigt naar rechts en strekt je linkerbeen.

Aandachtspunten Buig zo diep mogelijk, maar houd daarbij je rug zo recht mogelijk en je borst vooruit. Wanneer je voelt dat je rug bol staat en je schouders naar voren komen, zak dan minder diep.

4. BACK KICK (BILSPIEREN & HAMSTRINGS)

Starthouding Leun op je handen en knieën. Houd je hoofd in het verlengde van je nek en recht je rug.
Beweging Breng je linkerbeen omhoog naar achteren met je voet naar boven. Houd je knie in een hoek van 90 graden. Herhaal dit volgens het schema en wissel van been.

Aandachtspunten Knijp goed in je billen als je je been heft. Houd dit kort vast voordat je je been laat zakken. Heb je last van je onderrug? Plaats dan je onderarmen op de grond in plaats van je handen.

5. HIP BRIDGE (BILSPIEREN, HAMSTRINGS & ROMPSTABILITEIT)

Starthouding Ga liggen op je rug, zet je voeten op schouderbreedte en trek je knieën op. Houd je armen langs je lichaam op de grond.
Beweging Breng je billen zo hoog mogelijk totdat je helemaal recht bent. Span je billen goed aan en houd ze bovenaan even vast. Laat langzaam zakken en herhaal de beweging.

Aandachtspunten Het is belangrijk dat je de spanning in je billen, hamstrings en buik behoudt. Beweeg niet te snel en houd ze bovenaan even vast.

6. PLANK (ROMPSTABILITEIT)

Starthouding Steun op je tenen en onderarmen.

Beweging Bij een statische plank komt geen beweging kijken. Wel blijf je steeds heel bewust je billen en buik goed aanspannen.

Aandachtspunten Bekken goed kantelen, dus geen holle maar een rechte rug maken. Het gaat om de spanning in je romp, dus haal de kracht niet uit je armen. Laat je schouderbladen recht en duw de bovenkant van je rug niet helemaal omhoog.

7. SIDE PLANK (ROMPSTABILITEIT & ZIJ-KANT BUIKSPIEREN)

Starthouding Steun op je rechteronderarm, strek je beide benen en buig vanuit die positie je beide benen. Je knieën mag je op de grond laten rusten als je het te zwaar vindt.

Beweging Beweeg je lichaam van boven naar beneden. Wissel ook van kant.

Aandachtspunten Als je op je onderarm steunt, moet je elleboog onder je schouder liggen. Houd je lichaam in een rechte lijn wanneer je omhoog en omlaag beweegt. Vind je het te makkelijk met een gebogen been? Dan mag je uiteraard beide benen strekken; houd je voeten op elkaar en kom dan omhoog.

ELASTIC (POWER) BAND

In tegenstelling tot de mini band is de elastic band een lang elastiek. Ook deze zijn in verschillende kleuren en weerstanden verkrijgbaar. Met deze elastic band kun je prima je lichaam trainen. Zowel het bovenlichaam als het onderlichaam kun je zonder zware losse gewichten trainen en de weerstand is heftig genoeg om krachttraining uit te voeren. Je kunt de elastic band overal aan bevestigen, zodat je vanuit verschillende hoeken je lichaam traint, zowel pull- als push-bewegingen zijn mogelijk.

Met een Total Body workout train je je gehele lichaam in één training, dus je onderlichaam én je bovenlichaam. Het voordeel van een Total Body workout is dat je met minder tijd toch je hele lichaam traint. Wanneer je zwanger bent, is je doel niet meer zo hard en vaak mogelijk trainen, maar fit en gezond blijven. Als dat met gemiddeld twee tot drie keer per week trainen lukt, is dat hartstikke mooi. Een Total Body workout past daar het beste bij. De elastic band is een van de veelzijdigste trainingshulpmiddelen. Weerstandsbanden zijn namelijk geweldig voor weerstandstraining en mobiliteit, krachttraining, flexibiliteit en revalidatie.

TOTAL BODY WORKOUT KRACHTTRAINING ELASTIC BAND

	SET	REPS	TIME	REST
1. Elastic band chest press	3	10	0 sec	30 sec
2. Elastic band shoulder press	3	10	0 sec	30 sec
3. Elastic band upright row	3	10	0 sec	30 sec
4. Elastic band bent over row	3	10	0 sec	30 sec
5. Elastic band deadlift	3	10	0 sec	30 sec
6. Elastic band straight arm pulldown	3	10	0 sec	30 sec
7. Elastic band biceps curl	3	10	0 sec	30 sec
8. Elastic band external rotation	3	10	0 sec	30 sec
9. Elastic band single knee kick & arm row	3	10	0 sec	30 sec
10. Elastic band single leg deadlift & single arm row	3	10	0 sec	30 sec

1. ELASTIC BAND CHEST PRESS (BORST- & ARMSPIEREN)

Starthouding Ga rechtop staan met één been voor. Je staat in het elastiek dat achter je vastgebonden is. Houd het elastiek met beide handen vast.

Beweging Duw het elastiek naar voren. Je armen houd je iets breder dan schouderbreedte. Laat het elastiek langzaam terugveren en herhaal dit meerdere keren.

Aandachtspunten Blijf rechtop staan en houd je armen ter hoogte van je schouders.

2. ELASTIC BAND SHOULDER PRESS (SCHOUDERS & NEK)

Starthouding Zet beide voeten in het elastiek op schouderbreedte. Met je handen pak je het elastiek iets breder dan schouderbreedte vast.

Beweging Duw beide armen tegelijk omhoog en kom langzaam terug. Herhaal dit meerdere keren.

Aandachtspunten Blijf je lichaam goed aanspannen en rechtop staan. Buig niet naar achteren of voren tijdens deze beweging. Je lichaam moet rechtop blijven als een pilaar.

3. ELASTIC BAND UPRIGHT ROW (SCHOUDERS & NEK)

Starthouding Zet beide voeten in het elastiek op schouderbreedte. Met je handen pak je het elastiek op schouderbreedte vast.
Beweging Breng beide handen tegelijk omhoog richting je kin en veer langzaam terug. Herhaal dit meerdere keren.
Aandachtspunten Blijf je lichaam goed aanspannen en rechtop staan. Buig niet naar achteren of voren tijdens deze beweging. Als je handen bij je kin zijn, mogen je ellebogen iets verder omhoog.

4. ELASTIC BAND BENT OVER ROW (RUGSPIEREN)

Starthouding Zet beide voeten in het elastiek op schouderbreedte. Pak het elastiek op schouderbreedte vast.
Beweging Buig iets voorover met een lichte knik in je knieën. Breng beide ellebogen naar achteren en laat deze langzaam zakken. Herhaal deze beweging volgens het schema.
Aandachtspunten Blijf je lichaam goed aanspannen. Houd je hoofd en nek in het verlengde van je bovenlichaam. Houd je ellebogen strak langs je lichaam en trek je schouderbladen naar elkaar toe .

5. ELASTIC BAND DEADLIFT (BIL, HAM-STRINGS & ONDERRUGSPIEREN)

Starthouding Zet beide voeten in het elastiek op schouderbreedte. Met je handen pak je het elastiek op schouderbreedte vast.

Beweging Buig voorover met een lichte knik in je knieën en kom weer rechtop. Herhaal dit meerdere keren.

Aandachtspunten Blijf je lichaam goed aanspannen. Houd je hoofd in het verlengde van je bovenlichaam. Houd je armen lang en voel de spanning aan de achterkant van je onderlichaam.

6. ELASTIC BAND STRAIGHT ARM PULL-DOWN (TRICEPS & RUGSPIEREN)

Starthouding Maak het elastiek op ongeveer 2 meter hoogte ergens aan vast. Pak het elastiek bovenhands vast met je handen op schouderbreedte

Beweging Je armen zijn voor je uit gestrekt. Trek met gestrekte armen het elastiek van boven naar beneden. Je handen eindigen bij je heupen.

Aandachtspunten Blijf je lichaam goed aanspannen en houd je armen strak langs je lichaam.

7. ELASTIC BAND BICEPS CURL (BICEPS)

Starthouding Ga in het elastiek staan. Pak het elastiek op schouderbreedte bovenhands vast.
Beweging Je armen zijn gestrekt langs je lichaam. Buig je onderarmen en breng ze naar je borst. Laat je armen daarna langzaam zakken en herhaal de beweging.
Aandachtspunten Blijf je lichaam goed aanspannen en houd je ellebogen bij je middel.

8. ELASTIC BAND EXTERNAL ROTATION (BORST- & SCHOUDERSPIEREN)

Starthouding Maak het elastiek ergens aan vast ter hoogte van je middel. Pak het elastiek op schouderbreedte bovenhands vast.
Beweging Til je ellebogen zijwaarts op tot schouderhoogte met je onderarmen voor je. Beide handen breng je in de lucht. Je ellebogen maken dan een hoek van 90 graden. Kom langzaam terug en herhaal de beweging
Aandachtspunten Blijf je lichaam goed aanspannen. Behoud die hoek van 90 graden.

9. ELASTIC BAND SINGLE KNEE KICK & ARM ROW (BEEN-, BIL- & RUGSPIEREN)

Starthouding Maak het elastiek ergens aan vast ter hoogte van je middel. Pak het elastiek op schouderbreedte bovenhands vast.

Beweging Je armen zijn gestrekt voor je. Stap met je rechterbeen naar achteren en zak door je knie. Als je omhoogkomt, til je je knie op en tegelijkertijd trek je het elastiek met beide armen naar achteren. Kom langzaam terug met je armen en been en herhaal dit meerdere keren. Wissel daarna van kant.

Aandachtspunten Blijf je lichaam goed aanspannen. Houd je ellebogen bij je middel. Trek je schouderbladen naar elkaar toe.

10. ELASTIC BAND SINGLE LEG DEADLIFT & SINGLE ARM ROW (HAMSTRINGS, BILLEN & RUGSPIEREN)

Starthouding Maak het elastiek ergens aan vast ter hoogte van je middel. Met één hand pak je het elastiek op schouderbreedte bovenhands vast.

Beweging Je arm is gestrekt voor je met het elastiek vast. Je tegenovergestelde been blijft staan en je andere been breng je gestrekt naar achteren. Ga rechtop staan, til je knie op en trek tegelijkertijd je arm naar achteren. Kom langzaam terug met je arm en been en herhaal dit meerdere keren. Wissel daarna van kant.

Aandachtspunten Blijf je lichaam goed aanspannen. Houd je ellebogen bij je middel. Trek je schouderbladen naar elkaar toe. Let op je balans.

WORKOUT

MINI BAND

Mini bands bieden tal van nieuwe trainingsmogelijk-
heden. Mini bands zijn kleiner en dunner dan elastic
bands en bestaan in verschillende weerstanden; zo is
geel vaak licht en zwart heel zwaar. Mini bands zijn heel
geschikt voor warming-ups, spieractivatie, verbetering
van kracht, blessurepreventie, revalidatie en voor het
verbeteren van de samenwerking tussen de grote en
kleine spiergroepen.

TOTAL BODY MINI BAND WORKOUT-KRACHTTRAINING ONDER- EN BOVENLICHAAM

		SET	REPS	TIME	REST
1.	Mini band knee raise & shoulder press	3	10	0 sec	20 sec
2.	Mini band static squat & shoulder press	3	10	0 sec	20 sec
3.	Mini band squat	3	10	0 sec	20 sec
4.	Mini band side steps	3	10	0 sec	20 sec
5.	Mini band abduction	3	10	0 sec	20 sec
6.	Mini band hip thrust	3	10	0 sec	20 sec
7.	Mini band bicycle shoulder abduction	3	10	0 sec	20 sec
8.	Mini band mountain climber	3	10	0 sec	20 sec

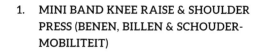

1. **MINI BAND KNEE RAISE & SHOULDER PRESS (BENEN, BILLEN & SCHOUDER-MOBILITEIT)**

Starthouding Plaats de mini band om je wreven en polsen. Zet je voeten op schouderbreedte.

Beweging Breng je armen omhoog en houd vast. Probeer continu spanning op je elastiek in de lucht te houden. Trek met je linkerknie het elastiek omhoog; dit voel je aan je bovenbenen. Herhaal dit een aantal keer en wissel van kant.

Aandachtspunten Voel de spanning in de armen, schouders, benen en billen.

2. **MINI BAND STATIC SQUAT & SHOULDER PRESS (BENEN, BILLEN & SCHOUDERS)**

Starthouding Plaats een mini band om je polsen en een om je enkels, zet je voeten op schouderbreedte.

Beweging Zak in een squat, houd dit vast en breng je armen schuin naar boven. Herhaal dit meerdere keren.

Aandachtspunten Schouders naar achteren, borst open en duw je ellebogen zo ver als je kunt naar beneden.

3. MINI BAND SQUAT (BENEN & BILLEN)

Starthouding Plaats de mini bands om je enkels en boven je knieën en zet je voeten op schouderbreedte.
Beweging Maak een squat en kom weer omhoog. Herhaal dit meerdere keren.
Aandachtspunten Schouders naar achteren, borst open en breng je armen naar voren als je zakt. Probeer je knieën boven je voeten te houden.

4. MINI BAND SIDE STEPS (ACTIVATIE BIL- & BEENSPIEREN)

Starthouding Plaats de mini bands om je enkels en boven je knieën.
Beweging Zet je voeten op schouderbreedte en neem kleine zijwaartse stappen. Zet je handen in je zij of houd deze voor je. Laat ze niet hangen. Loop zijwaarts en dan weer zijwaarts de andere kant op.
Aandachtspunten Houd de mini bands gestrekt. Span je buik- en bilspieren goed aan. Til je voeten op, dus sleep ze niet over de vloer.

5. MINI BAND ABDUCTION (BUITEN-KANT BENEN & BILLEN)

Starthouding Plaats de mini band net boven je knieën. Ga op je zij liggen.

Beweging Plaats je onderarm op de grond en je andere hand in je zij. Zet je voeten op elkaar en houd je voeten daar. Nu til je je knie op zo ver als dat mogelijk is.

Aandachtspunten Span hierbij extra goed je buik- en bilspieren aan. Bovenin houd je even kort je billen aangespannen voordat je ze laat zakken.

6. HIP THRUST MINI BAND (BILLEN, CORE & HAMSTRINGS)

Starthouding Plaats de mini band net boven je knieën. Ga liggen op je rug met je armen langs je lichaam.

Beweging Zet je voeten op heupbreedte en duw je hielen in de grond. Trek je tenen naar je toe en duw je heupen en billen de lucht in. Span hierbij extra goed je buik- en bilspieren aan. Bovenin span je even je billen aan voordat je ze laat zakken.

Aandachtspunten Span je buikspieren goed aan en laat je onderrug niet hangen.

7. MINI BAND BICYCLE SHOULDER ABDUCTION (CORE, BOVENBENEN & SCHOUDERS)

Starthouding Ga op je rug liggen met een mini band om je enkels en een mini band om je polsen.

Beweging Trek je knieën om en om naar je borst en strek je armen in de lucht. Strek het elastiek om je polsen in de breedte, zodat er spanning op komt te staan.

Aandachtspunten Houd de spanning op beide mini bands, duw je onderrug in de grond en kantel je bekken.

8. MINI BAND MOUNTAIN CLIMBER (CORE, BOVENBENEN & CARDIO)

Starthouding Plaats de mini band om je enkels op je wreef. Kom in de beginstand van een push-up. Houd je handen en voeten op schouderbreedte.

Beweging Trek je knieën om en om naar je borst. Probeer dit zo snel mogelijk te doen en herhaal het meerdere keren.

Aandachtspunten Houd je schouders boven je handen, span je buik aan en houd je bekken gekanteld. Houd je rug recht.

WORKOUT
DUMBBELLS &
ANKLE WEIGHTS

Steeds meer wetenschappelijke onderzoeken tonen aan dat fysieke krachttraining veilig en zelfs goed is voor gezonde moeders, mits ze geen complicaties tijdens de zwangerschap ervaren. Veilig en verantwoord trainen gedurende de zwangerschap is goed voor zowel getrainde vrouwen als voor vrouwen die pas tijdens hun zwangerschap beginnen met krachttraining. Het trainen met dumbbells is een prettige manier om krachttraining toe te passen. Je kunt er oefeningen eenvoudig mee verzwaren en verlichten en je verbetert je coördinatie, houding en spierkracht. Als je de grote spiergroepen traint, zoals je rug en borst met de ondersteunende spiergroepen, biceps, triceps en schouders, dan houd je je bovenlichaam in optimale conditie tijdens je zwangerschap. Zo voorkom je veel blessures. Je hebt hier ook na de bevalling veel baat bij, zoals bij het geven van borstvoeding waarbij je lang in één houding zit en bij het dragen, optillen en in bed leggen van je baby.

DUMBBELLS KRACHTTRAINING: ARMEN & SCHOUDERS

	SET	REPS	TIME	REST	KG
1. Dumbbell triceps extension	3	10	0	30 sec	2 x1 kg
2. Dumbbell biceps curl	3	10	0	30 sec	2 x1 kg
3. Dumbbell shoulder side raise	3	10	0	30 sec	2 x1 kg
4. Dumbbell overhead back row	3	10	0	30 sec	2 x1 kg
5. Dumbbell bent over row/trapezius	3	10	0	30 sec	2 x1 kg
6. Dumbbell shoulder press	3	10	0	30 sec	2 x1 kg
7. Dumbbell peck deck butterflies	3	10	0	30 sec	2 x1 kg
8. Dumbbell bent over row	3	10	0	30 sec	2 x1 kg

1. DUMBBELL TRICEPS EXTENSION (KRACHTTRAINING TRICEPS)

Starthouding Sta rechtop met je voeten op schouderbreedte.

Beweging Houd je twee dumbbells vast en strek je armen recht omhoog. Laat je onderarmen naar achteren zakken en breng ze weer omhoog.

Aandachtspunten Het is belangrijk dat je ellebogen zo dicht mogelijk langs je hoofd blijven tijdens de beweging. Blijf rechtop staan en maak je rug niet hol.

2. DUMBBELL BICEPS CURL (KRACHTTRAINING BICEPS)

Starthouding Sta rechtop met je voeten op schouderbreedte.

Beweging Houd je dumbbells vast met gestrekte armen langs je lichaam. Breng je onderarmen omhoog en breng deze langzaam naar beneden.

Aandachtspunten Blijf rechtop staan, voorkom een holle rug. Zorg dat je je ellebogen zo dicht mogelijk langs je lichaam houdt tijdens de beweging.

3. DUMBBELL SHOULDER SIDE RAISE (KRACHTTRAINING SCHOUDERS)

Starthouding Sta rechtop met je voeten op schouderbreedte.
Beweging Houd je dumbbells in beide handen vast en breng tegelijkertijd je beide armen zijwaarts omhoog tot schouderhoogte.

Aandachtspunten Span je hele lichaam goed aan en blijf rechtop staan. Houd je armen gestrekt.

4. DUMBBELL OVERHEAD BACK ROW (KRACHTTRAINING BOVENKANT RUG)

Starthouding zak licht door je benen en houd je armen gestrekt naar voren met je voeten op schouderbreedte.
Beweging Houd je dumbbells in beide handen vast, met je duimen naar boven, en breng tegelijkertijd je beide armen op schouderhoogte naar achteren. Je armen mogen buigen.

Aandachtspunten Maak een lichte holling in je onderrug met je buik aangespannen en breng je schouderbladen zo dicht mogelijk naar elkaar toe.

5. DUMBBELL BENT OVER ROW TRAPEZIUS (KRACHTTRAINING BOVENKANT RUG)

Starthouding zak licht door je benen, houd je armen gestrekt en iets lager dan schouderhoogte voor je, met je voeten op schouderbreedte.
Beweging Houd je dumbbells in beide handen vast en breng je beide armen met een roeiende beweging naar achteren. Houd je ellebogen op schouderhoogte.

Aandachtspunten Span je lichaam aan en breng je ellebogen zo ver mogelijk naar achteren, zodat je schouderbladen dicht naar elkaar toe gaan.

6. DUMBBELL SHOULDER PRESS (KRACHTTRAINING SCHOUDERS)

Starthouding Sta rechtop met je voeten op schouderbreedte.
Beweging Houd je dumbbells in beide handen vast en breng je beide armen omhoog.

Aandachtspunten Span je hele lichaam aan en blijf rechtop staan. Als je armen weer zakken, komen je ellebogen mogelijk iets lager dan schouderhoogte.

7. DUMBBELL PECK DECK BUTTER-FLIES (KRACHTTRAINING BORST & SCHOUDERS)

Starthouding Sta rechtop met je voeten op schouderbreedte.

Beweging Houd je dumbbells in beide handen vast en breng ze zijwaarts totdat de ellebogen op schouderhoogte zijn. Beweeg daarna de ellebogen naar elkaar toe en weer terug.

Aandachtspunten Blijf je lichaam goed aanspannen en blijf rechtop staan. Zorg ervoor dat de ellebogen dicht bij elkaar komen.

8. DUMBBELL BENT OVER ROW (UNDERHAND GRIP) (KRACHTTRAINING SCHOUDERS & RUG)

Starthouding Sta met je voeten op schouderbreedte en zak lichtjes door je knieën.

Beweging Houd je twee dumbbells onderhands vast met gestrekte armen schuin naar voren en breng tegelijkertijd beide armen naar achteren met een roeiende beweging. Ga langzaam terug in de starthouding.

Aandachtspunten Blijf je lichaam goed aanspannen met een licht holle rug. Zorg ervoor dat je ellebogen langs je lichaam blijven. Trek je schouderbladen naar elkaar toe.

CORE TRAINING

KRACHTTRAINING / LOWER BODY / ANKLE WEIGHTS

De core of romp is een belangrijk onderdeel van het lichaam. Veel mensen denken hierbij alleen aan de buikspieren, maar denk ook aan de onderrug, je bekken, bekkenbodemspieren, je rechte en schuine buikspieren, je diepe buikspieren en een groot stuk van je rug. Dat je core tijdens je zwangerschap de grootste verandering doormaakt is logisch; in de romp groeit je kindje, dus hier moet de meeste ruimte worden vrijgemaakt. Hier vinden zoveel processen plaats om jou goed door de bevalling te leiden, dat je core wel wat extra aandacht verdient tijdens het trainen. Je hoeft nu natuurlijk geen six-pack te creëren, dat komt wel weer na de bevalling. Maar een sterke buikwand, onderrug en soepel bekken zijn erg belangrijk voor je zwangerschap, je bevalling en je herstel.

ANKLE WEIGHTS EXERCISES BEEN-, BIL- & BEKKENBODEMOEFENINGEN

	SET	REPS	TIME	REST	KG
1. Squat & leg side raise	3	10	0	30 sec	2x1kg
2. Squat & forward lunge	3	10	0	30 sec	2x1kg
3. Back lunge & knee raise	3	10	0	30 sec	2x1kg
4. Back kick	3	10	0	30 sec	2x1kg
5. Side plank & leg lift	3	10	0	30 sec	2x1kg
6. Seating leg lift	3	10	0	30 sec	2x1kg

KRACHTTRAINING

Krachttraining tijdens de zwangerschap is gezond, mits er kritisch gekeken wordt naar de fitness- en/of sportachtergrond van de vrouw in kwestie. Als je nooit traint, moet je andere richtlijnen hanteren dan een getrainde vrouw. De voordelen van krachttraining tijdens je zwangerschap zijn:

- versneld herstel na je bevalling
- verbeterde spierkracht
- minder slappe buikwand
- minder rugklachten
- meer energie
- beter zelfbeeld en betere algehele fitheid

- verminderde gewichtstoename (niet meer dan de noodzakelijke kilo's)
- meer kans op een voorspoedige bevalling

ANKLE WEIGHTS

Met de ankle weights om je enkels kun je op een veilige en verantwoorde manier je onderlichaam trainen. Je doet de normale oefeningen die je benen en billen versterken, maar door het gewicht maak je deze zwaarder en uitdagender. Door het lage zwaartepunt loop je minder kans op blessures. De meeste blessures ontstaan namelijk wanneer het onderlichaam te zwaar belast wordt rondom je bekken en romp.

1. SQUAT & LEG SIDE RAISE (BENEN, BILLEN & ZIJKANT BOVENBENEN)

Starthouding Plaats je voeten op schouderbreedte.
Beweging Maak een squat en breng je linkerbeen zijwaarts omhoog wanneer je omhoogkomt. Je zakt vervolgens weer in een squat, komt omhoog en brengt nu je rechterbeen zijwaarts omhoog.
Aandachtspunten Houd je rug lang, schouders naar achteren, borst open, druk je billen goed naar achteren als je zakt en houd je been gestrekt wanneer je dit heft.

2. SQUAT & FORWARD LUNGE (BENEN & BILLEN)

Starthouding Plaats je voeten op schouderbreedte.

Beweging Maak een squat, zet wanneer je omhoogkomt je linkerbeen voor, zak vervolgens door en kom weer in een squat terug. Daarna wissel je van been.

Aandachtspunten Houd je rug lang, schouders naar achteren, borst open en druk je billen goed naar achteren als je zakt.

3. BACK LUNGE & KNEE RAISE (BENEN & BILLEN)

Starthouding Plaats je voeten op schouderbreedte.

Beweging Stap uit met je rechterbeen naar achteren, zak in een hoek van 90 graden en breng wanneer je omhoogkomt, je rechterknie omhoog. Herhaal deze beweging volgens het schema en wissel daarna van kant.

Aandachtspunten Houd je rug lang, je schouders naar achteren en je borst vooruit.

4. BACK KICK (BILSPIEREN & HAM-STRINGS)

Starthouding Leun op je handen en knieën. Recht je rug en houd je hoofd in het verlengde van je nek.

Beweging Breng je linkerbeen naar achteren alsof je met je voet het plafond naar boven duwt. Houd je knie in een hoek van 90 graden. Herhaal deze beweging volgens het schema en wissel van been.

Aandachtspunten Het is belangrijk dat je goed je billen aanspant als je je been heft. Houd dit twee seconden vast voordat je je been laat zakken. Heb je last van je onderrug? Ga dan op je onderarmen liggen in plaats van op je handen.

5. SIDE PLANK & LEG LIFT (ROMPSTA-BILITEIT, ZIJKANT BUIKSPIEREN & DIJBENEN)

Starthouding Steun op je linkerhand en je linkerknie met je gezicht zijwaarts.

Beweging Zet je rechterhand in je taille en breng je rechterbeen omhoog. Deze beweging herhaal je meerdere keren, zodat je de spanning in je rechterbeen voelt. Wissel vervolgens van kant.

Aandachtspunten Je hand moet onder je schouder liggen; houd je hoofd in het verlengde van je rug en nek.

6. SEATING LEG LIFT (HEUPFLEXOREN & BOVENBENEN)

Starthouding Ga zitten op de grond, trek je linkerknie naar je toe en houd deze vast met beide handen. Je rechterbeen strek je voor je uit.

Beweging Je rechterbeen houd je gestrekt en breng je met kleine bewegingen omhoog. Laat je been zakken tot net boven de grond, herhaal deze beweging volgens het schema en wissel dan van been.

Aandachtspunten Beweeg alleen je gestrekte been en zorg ervoor dat niet de rest van je lichaam meebeweegt. Het been hoeft niet te hoog; het is belangrijk dat je goed je evenwicht bewaart en de grond niet raakt.

BOKSEN

Boksen is een ideale warming-up en een afwisselende conditietraining.

Bij verschillende stoten en bij het ontwijken van de stoten gebruik je veel spieren, waaronder je armen, schouders, rug, buik, heupen en benen. Daarnaast is het goed voor je conditie en vetverbranding. Als activiteit heeft boksen een explosief karakter: het is bijna een vorm van intervaltraining, waarbij je na een stoot of combinatie van stoten een stap terugneemt, een (paar) seconde(n) op adem komt en dit herhaalt. Dergelijke activiteiten zijn niet alleen fantastisch als conditietraining, maar je verbrandt er ook je vet zowel tijdens als na de training mee. Na deze workout kun je bijvoorbeeld mediteren of ademhalingsoefeningen of yoga doen om te ontspannen.

BOXING CONDITIONING WORKOUT

Dynamische warming-up elastic band		8 min			

CIRCUITTRAINING	SET	REPS	TIME	REST	KG
1. Direct punches	6	0	30 sec	20 sec	2 x 1
2. Left & right hook	6	0	30 sec	20 sec	2 x 1
3. Upper cuts	6	0	30 sec	20 sec	2 x 1

Stretchprogramma	10 min

1. DIRECT PUNCHES (DIRECTE STOTEN)

Starthouding Zet je linkerbeen voor en je rechterbeen schuin achter. Houd je handen hoog bij je kaak. In de meeste gevallen zet je links voor als je rechtshandig bent en andersom. Dat been blijft dan gedurende de training voor staan.

Beweging Stoot je armen om en om uit. Draai je handen in en zorg ervoor dat ze terugkomen bij je kaak. Blijf deze beweging herhalen.

Aandachtspunten Beweeg soepel en draai je bovenlichaam goed in.

2. LEFT & RIGHT HOOK (HOEKEN)

Starthouding Zet je linkerbeen voor en je rechterbeen schuin achter. Ben je linkshandig? Dan zet je je rechterbeen voor en je linkerbeen achter. Houd je handen hoog bij je kaak.

Beweging Maak een linker- en rechterhoek. Draai je handen en ellebogen in en zorg ervoor dat je handen terugkomen bij je kaak en je ellebogen in je middel. Blijf deze beweging herhalen.

Aandachtspunten Beweeg soepel en draai je bovenlichaam goed in. Houd je ellebogen ter hoogte van je schouder. Stoot alsof je je tegenstander aan de zijkant van zijn gezicht raakt.

3. UPPER CUTS (OPSTOTEN)

Starthouding Zet je linkerbeen voor en je rechterbeen schuin achter. Als je linkshandig bent, zet je je rechterbeen voor en linkerbeen achter. Houd je handen hoog bij je kaak.

Beweging Maak om en om een linker- en rechterstoot omhoog en blijf deze beweging herhalen. Stoot alsof je je tegenstander onder zijn kaak raakt. Breng je handen altijd terug naar je kaak.

Aandachtspunten Beweeg soepel en draai je bovenlichaam goed in.

WORKOUT

SWISS BALL & ELASTIC (POWER) BAND BOVENLICHAAM

Wanneer je zwanger bent, is het prettig om je bekken en bekkenbodemspieren te versterken en soepel te houden. Dit ter voorbereiding op je bevalling en voor een snel herstel. De Swiss ball is een goede tool om je hierbij te helpen. Deze verbetert je houding als je erop zit en je kunt je goed focussen op het roteren en kantelen van je bekken. In het derde trimester van je zwangerschap is staan niet altijd prettig. Veel oefeningen kun je dan voortzetten terwijl je zit op de Swiss ball. Deze verbetert daarnaast je balans en houding.

SWISS BALL & ELASTIC (POWER) BAND WORKOUT KRACHTTRAINING BOVENLICHAAM

	SET	REPS	TIME	REST
1. Elastic band neck pull	3	8/12	0 sec	10 sec
2. Elastic band biceps curl	3	8/12	0 sec	10 sec
3. Elastic band triceps extension	3	8/12	0 sec	10 sec
4. Swiss seating trapezius row	3	8/12	0 sec	10 sec
5. Swiss seating back row	3	8/12	0 sec	10 sec
6. Swiss seating band chest press	3	8/12	0 sec	10 sec

1. ELASTIC BAND NECK PULL (RUG, BI-CEPS & SCHOUDERS)

Starthouding Ga zitten op de bal. Houd het elastiek met beide handen vast. Zet je voeten op schouderbreedte.

Beweging Trek het elastiek met beide handen naar achteren, zodat je schouderbladen bij elkaar komen. Veer langzaam terug en herhaal deze beweging volgens het schema.

Aandachtspunten Je traint op deze manier de bovenkant van je rug, houd daarom je ellebogen hoog.

2. ELASTIC BAND BICEPS CURL (BICEPS)

Starthouding Ga zitten op de bal. Houd het elastiek met beide handen vast. Zet je voeten op schouderbreedte.

Beweging Trek het elastiek met beide handen naar je borst. Deze beweging voer je uit door je bovenarmen langs het lichaam te houden met je ellebogen in je zij. Veer langzaam terug en herhaal deze beweging volgens het schema.

Aandachtspunten Ontspan je schouders en laat ze hangen.

| 3. | **ELASTIC BAND TRICEPS EXTENSION** (TRICEPS) | 4. | **SWISS SEATING TRAPEZIUS ROW** (CORE, RUGSPIEREN & ARMEN) |

Starthouding Ga zitten op de bal met het elastiek achter je vastgebonden. Zet je voeten op schouderbreedte.

Beweging Laat je ellebogen omhoogwijzen en je onderarmen achter je zakken. Breng je armen weer in de lengte omhoog en herhaal dit meerdere keren.

Aandachtspunten Blijf rechtop zitten, het is belangrijk dat je ellebogen tegen je hoofd blijven.

Starthouding Ga zitten op de bal, plaats je voeten in het midden van het elastiek en houd de uiteinden vast. Zet je voeten op schouderbreedte.

Beweging Trek het elastiek met beide handen in een roeiende beweging naar je toe. Breng je ellebogen zo ver mogelijk naar achteren. Kom langzaam terug en herhaal de beweging.

Aandachtspunten Houd je ellebogen zo strak mogelijk langs je lichaam en span je buikspieren goed aan.

5. SWISS SEATING BACK ROW (CORE & RUGSPIEREN MET FOCUS OP BOVEN-KANT & ARMEN)

Starthouding Ga zitten op de bal met het elastiek ter hoogte van je heupen vastgebonden. Pak het elastiek met beide handen onderhands vast. Zet je voeten op schouderbreedte.
Beweging Trek het elastiek met gestrekte armen naar je toe, zet je ellebogen in je middel en veer langzaam terug. Herhaal dit meerdere keren.
Aandachtspunten Trek je schouderbladen naar elkaar toe en houd je rug recht.

6. SWISS SEATING BAND CHEST PRESS (CORE, BOVENKANT BORSTSPIEREN, SCHOUDERS & ARMEN)

Starthouding Ga zitten op de bal met het elastiek achter je vastgebonden. Ga in het elastiek zitten en houd dit met beide handen vast. Zet je voeten op schouderbreedte.
Beweging Duw het elastiek naar voren. Je armen houd je iets breder dan je schouders. Laat langzaam het elastiek terugkomen en herhaal dit meerdere keren.
Aandachtspunten Blijf rechtop zitten en duw je borst vooruit.

WORKOUT

SWISS BALL & MINI BAND
ONDERLICHAAM & CORE

SWISS BALL & MINI BAND WORKOUT KRACHTTRAINING
ONDERLICHAAM & CORE

	SET	REPS	TIME	REST
1. Swiss ball pelvis rotation	3	8/12	0 sec	10 sec
2. Mini band abduction	3	8/12	0 sec	10 sec
3. Split squat	3	8/12	0 sec	10 sec
4. Back stretch	3	8/12	0 sec	10 sec
5. Swiss ball side leg lift	3	8/12	0 sec	10 sec
6. Swiss ball hip bridge	3	8/12	0 sec	10 sec

1. SWISS BALL PELVIS ROTATION (STABILITEIT & MOBILITEIT VAN BEKKEN & ONDERRUG)

Starthouding Ga zitten op de bal met je voeten op schouderbreedte en zet je handen in je zij. Houd je bovenlichaam recht.

Beweging Draai met je heupen en bekken rondjes. Herhaal deze beweging volgens het schema.

Aandachtspunten Zorg dat alleen je bekken roteert, dus niet je hele bovenlichaam. Die probeer je zo stil mogelijk te houden.

2. MINI BAND ABDUCTION (BUITENKANT BOVENBENEN)

Starthouding Doe een mini band om je benen boven je knieën. Ga zitten op de Swiss ball en houd de bal vast.

Beweging Beweeg je knieën naar buiten en langzaam terug. Herhaal dit meerdere keren.

Aandachtspunten Doe de oefening alleen met je benen, houd je bovenlichaam stabiel.

3. SPLIT SQUAT (BOVENBENEN & BIL-SPIEREN)

Starthouding Plaats je rechtervoet of scheenbeen op de bal en je handen in je zij.
Beweging Zak door je standbeen en strek het been dat op de bal ligt. Zorg ervoor dat je zo diep mogelijk zakt. Herhaal dit meerdere keren en wissel daarna van been.
Aandachtspunten Houd je bovenlichaam rechtop en span je buik- en bilspieren aan. Zorg voor genoeg ruimte tussen je voorste en achterste voet, zodat je benen een hoek van ongeveer 90 graden maken. Als je last hebt van knieproblemen, probeer dan tijdens het zakken je knie achter je voorste voet te houden.

4. BACK STRETCH (REKKEN VAN DE GROTE RUGSPIER)

Starthouding Ga op je knieën voor de Swiss ball zitten en pak de bal vast.
Beweging Duw de bal naar voren met je armen gestrekt en rek daarbij je rugspieren. Kom rustig terug en herhaal de beweging.
Aandachtspunten Houd je rug goed recht en je bekken gekanteld, maak geen holle rug. Houd je hoofd in het verlengde van je rug, dus kijk niet omhoog.

5. SWISS BALL SIDE LEG LIFT (CORE STABILITEIT, BOVENBENEN & ZIJKANT BOVENBENEN)

Starthouding Steun met je rechteronderarm op de bal en steun met je rechterknie op de grond. Plaats je linkerhand op de bal ter ondersteuning en strek je linkerbeen naar de zijkant.

Beweging Zorg dat je in balans blijft, breng je gestrekte been omhoog en laat deze rustig zakken. Herhaal dit meerdere keren en wissel daarna van kant.

Aandachtspunten Probeer je bovenlichaam zo stil mogelijk te houden en beweeg je been niet te snel.

6. SWISS BALL HIP BRIDGE (CORE STABILITEIT, BILSPIEREN & HAMSTRINGS)

Starthouding Ga op de grond liggen, plaats beide voeten op de bal en houd je armen langs je lichaam op de grond.

Beweging Duw jezelf met beide benen volledig in de lucht, zodat je bovenlichaam gestrekt is van je knieën tot aan je schouders. Dan duw je de bal helemaal weg totdat je totale lichaam gestrekt is. Trek de bal terug en herhaal dit meerdere keren.

Aandachtspunten Deze oefening kan voor kramp in de hamstrings zorgen. Voer daarom deze oefening rustig uit. Heb je pijn? Wacht dan tussendoor even.

WORKOUT

ZWANGERSCHAPSYOGA

Zwangerschapsyoga biedt je de mogelijkheid om deze periode vol aandacht en innerlijke rust te beleven. In het eerste trimester blijf je bewegen en sporten zoals je dat altijd al deed. Een mooi moment om te starten met zwangerschapsyoga is rond de 20/25 weken. Je buik wordt dan steeds groter en het zwaartepunt van je lichaam is zich langzaam aan het verplaatsen. Je bereidt je fysiek, maar ook psychisch voor op het moederschap.

De voordelen van zwangerschapsyoga zijn:
* Je leert ademhalingstechnieken.
* Je leert beter te ontspannen.
* Het vergroot je innerlijke bewustwording.
* Het bevordert je spierkracht.
* Je krijgt meer vertrouwen in je lichaam.
* Het voorkomt blessures en bevordert de lenigheid.

	SET	REPS	TIME	REST
1. Half moon pose	1	1	30 sec/ hold	0 sec
2. Abdominal / chest stretch & lower back mobility	1	1	30 sec / hold	0 sec
3. Side bend	1	1	30 sec / hold	0 sec
4. Upper back stretch	1	5	5 sec / hold	0 sec
5. Wide legged forward bend over (arms crossed)	1	3	5 sec / hold	0 sec
6. Wide legged forward bend over (grab feet)	1	3	5 sec / hold	0 sec
7. Balancing quadriceps stretch	1	1	30 sec / hold	0 sec
8. Warrior 3	1	1	30 sec / hold	0 sec
9. Superman	1	1	30 sec / hold	0 sec
10. Sumo squat	1	3	5 sec / hold	0 sec
11. Hip extension with overhead arm	1	1	30 sec / hold	0 sec
12. Side stretch & hamstrings stretch	1	1	30 sec / hold	0 sec
13. Hamstring /adductor /side stretch	1	1	30 sec / hold	0 sec
14. Hip rotation	1	3	5 sec / hold	0 sec
15. Camel pose	1	1	30 sec / hold	0 sec
16. Hip side extension	1	1	30 sec / hold	0 sec
17. Upper back stretch & mobility	1	1	30 sec / hold	0 sec
18. Cat/cow	1	3	5 sec / hold	0 sec

1. HALF MOON POSE

Starthouding Sta rechtop met je voeten naast elkaar. Houd je armen omhoog en pak je handen in elkaar.

Beweging Buig langzaam naar links en blijf je handen vasthouden. Houd deze positie vast volgens het schema.

Aandachtspunten Blijf rustig ademhalen, beweeg niet te snel en zorg ervoor dat je bovenlichaam niet achter of voor je onderlichaam komt.

2. ABDOMINAL/CHEST STRETCH & LOWER BACK MOBILITY

Starthouding Sta rechtop en houd beide handen vast in de lucht.

Beweging Leun achterover, blijf een paar seconden stilstaan in deze positie en kom weer terug. Dit doe je één keer zoals in het schema staat beschreven.

Aandachtspunten Blijf goed ademhalen en beweeg niet te snel.

3. SIDE BEND

Starthouding Plaats je rechtervoet over je lin-kervoet en zet je rechterhand in je zij.
Beweging Buig naar rechts met je linkerarm over je hoofd. Je bovenarm raakt nu je oor. Houd dit een aantal seconden vast en kom langzaam terug. Wissel vervolgens van kant.
Aandachtspunten Blijf goed ademhalen. Be-weeg niet te snel en houd je lichaam gestrekt, zorg dus dat je spieren niet verslappen.

4. UPPER BACK STRETCH

Starthouding Sta rechtop met je voeten uit elkaar.

Beweging Plaats je handen onder je kin, breng je voeten naast elkaar en je ellebogen naar boven. Probeer je ellebogen zo dicht mogelijk naar elkaar toe te brengen en voel de spanning boven en aan de zijkant van je rug.

Aandachtspunten Blijf goed ademhalen en houd je lichaam gespannen.

5. WIDE LEGGED FORWARD BEND OVER (ARMS CROSSED)

Starthouding Plaats je voeten breed uit elkaar, breder dan schouderbreedte, en kruis je handen achter je nek.

Beweging Houd je benen gestrekt en buig je bovenlichaam naar voren. Houd de spanning vast in de hamstrings.

Aandachtspunten Blijf je benen strekken. Hoe verder je voeten uit elkaar staan, hoe makkelijker dit gaat; dit is goed als je veel moeite hebt met het strekken van je benen.

6. WIDE LEGGED FORWARD BEND OVER (GRAB FEET)

Starthouding Plaats je voeten ver uit elkaar.

Beweging Houd je benen gestrekt, buig je bovenlichaam naar voren en pak met je handen je enkels vast. Houd de spanning vast in de hamstrings. Pak je ellebogen vast en blijf even in deze positie staan; dit herhaal je drie keer zoals in het schema staat beschreven.

Aandachtspunten Blijf je benen strekken. Hoe verder je voeten uit elkaar staan, hoe gemakkelijker dit gaat.

7. BALANCING QUADRICEPS STRETCH

Starthouding Plaats je voeten op schouder-breedte met je linkerbeen voor en je armen omhoog.

Beweging Ga op je linkervoet staan en pak met je rechterhand je rechtervoet vast aan de achterkant. Strek je linkerarm omhoog en houd je knieën bij elkaar.

Aandachtspunten Span je buik-, bil- en been-spieren goed aan om in balans te blijven. Je gestrekte arm helpt je je evenwicht te bewaren.

8. WARRIOR 3 (BALANS & STRETCH HAMSTRING)

Starthouding Plaats je voeten naast elkaar. Sta rechtop met je buikspieren aangespannen.
Beweging Breng je beide armen gestrekt naar voren. Blijf staan op je linkervoet en breng je rechterbeen gestrekt naar achteren en omhoog. Houd deze positie vast volgens het schema en wissel van been.
Aandachtspunten Zorg ervoor dat je heupen op één lijn blijven. Stretch je standbeen zo goed mogelijk voor het juiste effect.

9. SUPERMAN (ROMPSTABILITEIT)

Starthouding Leun op je handen en knieën.
Beweging Breng je linkerarm gestrekt naar voren, en breng tegelijkertijd je rechterbeen gestrekt naar achteren. Houd deze positie vast volgens het schema.
Aandachtspunten Span goed je billen en romp aan en bewaar je evenwicht. Probeer het been en de arm die je tegelijkertijd heft op één rechte lijn te houden.

10. SUMO SQUAT (BINNEN- & BUITEN-KANT BENEN & BILSPIEREN)

Starthouding Zet je voeten breed uit elkaar en laat je tenen naar buiten wijzen. Strek je armen uit in de breedte.

Beweging Zak langzaam en zo diep als je kunt door je benen en kom rustig omhoog. Herhaal deze beweging een aantal keer.

Aandachtspunten Maak je rug lang en duw je schouders naar achteren; houd je buikspieren aangespannen, net als je benen en billen.

11. HIP EXTENSION WITH OVERHEAD ARM (HEUPVERLENGING MET ARM-STRETCH)

Starthouding Zet je linkervoet voor en je rechterknie op de grond, houd je armen ge-strekt omhoog.

Beweging Duw je heup naar voren en span je bilspieren aan. Houd deze positie vast volgens het schema. Herhaal dit vervolgens met het andere been voor.

Aandachtspunten Span je buikspieren en bil-spieren goed aan en duw je heupen niet te ver naar voren.

12. SIDE STRETCH & HAMSTRINGS STRETCH (STRETCH ZIJKANTEN & HAMSTRINGS)

Starthouding Ga op je knieën zitten.

Beweging Strek je rechterbeen uit naar de rechterkant. Buig met je bovenlichaam opzij en probeer de voet aan te raken van je rechterbeen. Je linkerarm gaat mee met deze beweging. Houd deze positie vast volgens het schema. Herhaal dit vervolgens aan de andere kant.

Aandachtspunten Span je buikspieren en bilspieren goed aan en blijf naar voren kijken.

13. HAMSTRINGS/ADDUCTOR/SIDE STRETCH

Starthouding Ga op je billen zitten.

Beweging Strek je linkerbeen, buig je rechterbeen en plaats je voet aan de binnenkant van je linkerbeen. Plaats je linkeronderarm op de grond langs je been en beweeg je rechterarm gestrekt over je hoofd. Houd dit even vast en wissel van kant.

Aandachtspunten Als je naar de zijkant buigt, houd je lichaam dan in een rechte lijn met je been. Zorg ervoor dat je lichaam niet voor of achter je been komt.

14. HIP ROTATION (STRETCH HEUPEN & COREMOBILITEIT)

Starthouding Ga zitten met je benen naast elkaar en je knieën opgetrokken.

Beweging Houd je armen gestrekt opzij en je bovenlichaam rechtop. Breng je beide knieën naar links, houd even vast en beweeg daarna je beide knieën naar rechts.

Aandachtspunten Blijf goed ademhalen en rechtop zitten en probeer je knieën zo ver mogelijk richting de grond te brengen.

15. CAMEL POSE (MET ARM-STRETCH)

Starthouding Ga op je knieën zitten en houd je enkels achter je vast.

Beweging Duw je heup naar voren en span je bilspieren aan, breng één arm gestrekt naar achteren. Houd even vast en ontspan weer. Herhaal dit met je andere arm.

Aandachtspunten Span je buikspieren en bilspieren goed aan en duw je heupen niet te hard naar voren.

16. HIP SIDE EXTENSION (HEUPVERLENGING)

Starthouding Ga op je knieën zitten.

Beweging Plaats je rechtervoet rechts met een gebogen been. Plaats je linkerhand in je zij en duw je lichaam richting je rechtervoet. Je hand mag op je knie rusten. Houd deze positie even vast en herhaal dit aan de andere kant.

Aandachtspunten Span je buikspieren en bilspieren goed aan; je voelt dit in je heupen en in je bovenbenen.

17. UPPER BACK STRETCH (BOVENKANT RUG & STRETCH SCHOUDER)

Starthouding Leun op handen en knieën en plaats je handen achter je hoofd.

Beweging Plaats je linkerhand achter je linkeroor en houd je rechterhand op de grond. Ga met je elleboog zo ver mogelijk naar beneden richting je rechterelleboog. Breng je linkerelleboog weer zo ver mogelijk naar boven en kijk mee met de beweging. Wissel van arm.

Aandachtspunten Zorg ervoor dat je rug recht blijft en dat je meekijkt met de beweging.

18. CAT/COW (RUG-STRETCH)

Starthouding Leun op handen en knieën en recht je rug.

Beweging Maak je rug bol en duw je navel de lucht in, dus zo ver mogelijk van de grond af. Dit houd je een aantal seconden vast en dan maak je je rug hol. Je duwt nu je billen de lucht in en je navel naar de grond toe.

Aandachtspunten Zorg dat de lijn van je onder- en bovenbenen in een hoek van 90 graden blijft.

COOLING-DOWN

STRETCHING

Stretchen is een methode om leniger te worden of om je lenigheid te onderhouden. We maken een onderscheid tussen stretchen als lenigheidsoefening en stretchen als lenigheidstraining. Stretching bevordert daarnaast het revalidatieproces en helpt bij het voorkomen van blessures. Bij een warming-up en cooling-down gebruikt men vooral stretching als lenigheidsoefeningen, omdat trainen spieren korter kan maken. Bepaalde spiergroepen hebben door training de neiging om korter te worden. De spier wordt gestretcht om kramp tegen te gaan. Er bestaan verschillende vormen van stretchen: statisch of dynamisch, met vering of zonder vering.

STRETCHPROGRAMMA

	SET	REPS	TIME	REST
1. Side stretch	1	1	10 sec	5 sec
2. Triceps & back stretch	1	1	10 sec	5 sec
3. Shoulder stretch	1	1	10 sec	5 sec
4. Shoulder & arm stretch	1	1	10 sec	5 sec
5. Chest/shoulders/lower back/abdominal stretch	1	1	10 sec	5 sec
6. Neck & quadriceps stretch	1	1	10 sec	5 sec
7. Hamstring & lower back stretch	1	1	10 sec	5 sec
8. Hip extensions	1	1	10 sec	5 sec
9. Side lunges, adductor & hamstring stretch	1	1	10 sec	5 sec
10. Adductor & hamstring stretch	1	1	10 sec	5 sec
11. Back & glute stretch	1	1	10 sec	5 sec
12. Back stretch	1	1	10 sec	5 sec
13. Hamstring/adductor/back stretch	1	1	10 sec	5 sec
14. Hamstring/adductor/calf/groins/back stretch	1	1	10 sec	5 sec
15. Hip flexor/back/glute/groin stretch	1	1	10 sec	5 sec
16. Hamstring & glute stretch	1	1	10 sec	5 sec
17. Back/glute/shoulder/chest stretch	1	1	10 sec	5 sec
18. Back/glute/shoulder stretch	1	1	10 sec	5 sec

1. SIDE STRETCH

Starthouding Plaats je voeten op schouderbreedte. Zet je rechterhand in je zij.
Beweging Buig naar rechts met je linkerarm
over je hoofd. Je bovenarm moet je oor raken.
Houd deze positie volgens het schema vast en
kom langzaam terug. Wissel daarna van kant.

Aandachtspunten Blijf goed ademhalen. Beweeg niet te snel en span je lichaam aan

2. TRICEPS & BACK STRETCH (STRETCHEN TRICEPS & TAILLE)

Starthouding Ga rechtop staan en zet je voeten op schouderbreedte.
Beweging Pak met je linkerhand je rechterelleboog boven je hoofd vast en duw je elleboog
naar beneden. Beweeg je bovenlichaam mee
naar links. Dit houd je even vast, wissel dan
van arm en buig zijwaarts.

Aandachtspunten Laat je bovenlichaam niet
te ver naar voren of achteren vallen.

3. SHOULDER STRETCH (STRETCHEN VAN DE SCHOUDERS)

Starthouding Ga rechtop staan en zet je voeten op schouderbreedte.
Beweging Pak met je linkerhand je rechterelleboog en trek je arm naar je borst toe. Voel de spanning in je schouders. Houd dit even kort vast en wissel van arm.

Aandachtspunten Blijf op je houding letten: sta rechtop en beweeg je lichaam niet mee wanneer je je arm naar je borst beweegt.

4. SHOULDER & ARM STRETCH (SCHOUDERS & NEK)

Starthouding Ga rechtop staan met je armen gestrekt naar voren. Vouw je handen in elkaar.
Beweging Breng je armen omhoog terwijl je ze gestrekt houdt.

Aandachtspunten Blijf je armen gestrekt houden en houd ze kort stil als ze boven je hoofd zijn.

5. CHEST/SHOULDERS/LOWER BACK/ABDOMINAL STRETCH

Starthouding Plaats je voeten op schouderbreedte. Pak je handen achter je rug vast.
Beweging Buig voorover. Blijf je handen vasthouden en houd je armen naar achteren gebogen. Kom langzaam terug naar de beginhouding.

Aandachtspunten Probeer je benen zo gestrekt mogelijk te houden, maar met een lichte knik in je knieën. Voel de spanning eerst aan de voorkant van je lichaam, daarna aan de achterkant.

6. NECK & QUADRICEPS STRETCH (NEK & BOVENBENEN)

Starthouding Plaats je voeten naast elkaar en pak met je linkerhand de rechterkant van je hoofd.
Beweging Pak je rechtervoet vast en trek je hak naar je billen. Trek heel rustig je hoofd naar links. Houd dit kort vast en wissel dan van voet en hand.

Aandachtspunten Houd je knieën bij elkaar als je je voet naar je billen brengt. Trek niet te hard aan je nek.

7. HAMSTRING & LOWER BACK STRETCH

Starthouding Kruis je voeten over elkaar.
Beweging Houd je benen gestrekt, buig je bovenlichaam naar voren en probeer met je handen de grond te raken. Houd je hamstrings aangespannen.
Aandachtspunten Blijf je benen strekken en haal rustig adem.

8. HIP EXTENSIONS (STRETCH HEUP-FLEXOREN)

Starthouding Zet je linkervoet voor, je rechter-knie op de grond en plaats je handen in je zij.
Beweging Span je bilspieren goed aan en duw je rechterheup zachtjes naar voren. Je zult daar de stretch voelen.
Aandachtspunten Houd je bovenlichaam rechtop. Voorkom dat je je heup te ver naar voren duwt, dat is niet nodig voor het juiste effect.

9. SIDE LUNGES, ADDUCTOR & HAMSTRING STRETCH (STRETCH BENEN & BILLEN)

Starthouding Sta met beide benen breder dan schouderbreedte en sta rechtop.
Beweging Buig je linkerbeen en strek tegelij-kertijd je rechterbeen. Zak zo diep mogelijk. Kom weer rechtop, buig naar rechts en strek je linkerbeen.
Aandachtspunten Buig zo diep mogelijk, maar maak daarbij je rug zo lang mogelijk en duw je borst naar voren. Wanneer je voelt dat je rug bol gaat staan en je schouders naar voren leunen, zak dan minder diep. Laat je te-nen naar voren wijzen.

10. ADDUCTOR & HAMSTRING STRETCH

Starthouding Ga op je hurken zitten.
Beweging Strek je rechterbeen naar de zijkant en pak je tenen vast. Houd dit even vast
en wissel dan van been.
Aandachtspunten Probeer je gestrekte been
echt gestrekt te houden. Blijf ondertussen
goed ademhalen tijdens de stretch.

11. BACK & GLUTE STRETCH

Starthouding Leun op handen en knieën.
Beweging Duw met je handen je lichaam naar
achteren, zodat je met je billen op je hielen zit.
Blijf met je lichaam zo laag mogelijk, je houdt
dus contact met je bovenbenen.
Aandachtspunten Maak je armen zo lang mogelijk. Houd je hoofd in het verlengde van je
nek en rug.

12. BACK STRETCH

Starthouding Leun op handen en knieën en recht je rug.

Beweging Maak je rug bol, duw je navel de lucht in zo ver mogelijk van de grond af. Dit houd je een aantal seconden vast en dan maak je je rug hol. Je duwt vervolgens je billen de lucht in en je navel richting de grond.

Aandachtspunten Zorg dat de lijn van je onder- en bovenbenen in een hoek van 90 graden blijft staan. Kijk naar boven als je je rug hol maakt.

13. HAMSTRING/ADDUCTOR/BACK STRETCH

Starthouding Ga zitten op je billen met je benen gespreid.
Beweging Probeer met beide handen je rechtervoet aan te raken en houd dit even vast. Wissel daarna van kant.

Aandachtspunten Als je naar de zijkant buigt, houd je lichaam dan in een rechte lijn met je been. Zorg dat je niet voor of achter je been komt. Je buigt naar de zijkant en niet met je buik plat op je benen.

14. HAMSTRING/ADDUCTOR/CALF/GROINS/BACK STRETCH

Starthouding Ga zitten op je billen.
Beweging Plaats je rechtervoet achter je billen en strek je linkerbeen naar voren. Raak met beide handen je voorste voet aan. Houd even vast en wissel van kant.

Aandachtspunten Houd het been dat gestrekt moet zijn ook echt gestrekt. Hoe leniger je bent, hoe verder je je bovenlichaam naar je been toe buigt.

15. HIP FLEXOR/BACK /GLUTE /GROIN STRETCH

Starthouding Ga zitten op je billen. Buig je linkerbeen voor je en strek je rechterbeen achter je.
Beweging Plaats je handen voor je op de grond en probeer je bovenlichaam zo plat mogelijk naar de grond te brengen.

Aandachtspunten Voer deze oefening stap voor stap uit om je lenigheid te vergroten. Blijf rustig ademhalen.

16. HAMSTRING & GLUTE STRETCH

Starthouding Ga liggen op je rug en maak een lichte knik in beide knieën.
Beweging Zet je linkervoet op je rechterknie. Pak met beide handen je rechterknieholte vast en trek je rechterbeen langzaam naar je toe. Wissel daarna van been.

Aandachtspunten Houd je rug en billen op de grond als je je been naar je toe trekt.

17. BACK/GLUTE/SHOULDER/CHEST STRETCH

Starthouding Leun op handen en knieën.

Beweging Duw met je handen je lichaam naar achteren, zodat je met je billen op je hielen zit. Blijf met je lichaam zo laag mogelijk, dus je houdt contact met je bovenbenen. Duw je rechterarm gestrekt plat op de grond. Houd dit even vast en wissel dan van arm.

Aandachtspunten Maak je armen zo lang mogelijk. Zorg ervoor dat je bovenlichaam niet te ver indraait. Probeer je schouder de grond te laten raken.

18. BACK/GLUTE/SHOULDER STRETCH

Starthouding Leun op handen en knieën.

Beweging Duw met je handen je lichaam naar achteren, zodat je met je billen op je hielen zit. Blijf laag met je lichaam, dus houd contact met je bovenbenen. Duw dan je linkerarm gestrekt onder je borst door en leg je arm plat op de grond. Houd even vast en wissel van arm.

Aandachtspunten Maak je armen zo lang mogelijk. Houd je hoofd in het verlengde van je nek en rug. Zorg ervoor dat je bovenlichaam niet te ver indraait.

BACK IN SHAPE
BODYWEIGHT SCHEMA

Na je bevalling wil je natuurlijk zo snel mogelijk je vertrouwde lichaam terug. Volkomen logisch, maar hier moeten we wel een kanttekening bij plaatsen. Je moet goed begrijpen dat je lichaam negen maanden lang heel veel werk heeft verricht en erg veranderd is. Ook de bevalling is een pittige aanslag op je lichaam geweest. Je bekken, je buik, je spieren, banden en gewrichten, alles is verplaatst of nog week van de zwangerschapshormonen en heeft tijd nodig om goed te herstellen. Het is als je weer gaat sporten dus belangrijk dat je niet te snel en te heftig aan de slag gaat, om blessures te voorkomen.

1. VIJF WEKEN BODY WEIGHT TRAININGSSCHEMA VOOR KRACHT

Warming-up 10 min

Cardio 10 min

Voer dit drie keer per week uit

	SET	REPS	TIME	REST
1. Bench push-up	3	8/12	0	30/60 sec
2. Bench triceps dip	3	8/12	0	30/60 sec
3. Elastic band bent over row	3	8/12	0	30/60 sec
4. Lunges	3	10	0	30/60 sec
5. Bench step up	3	10	0	30/60 sec
6. Squat	3	10	0	30/60 sec
7. Single leg bridge	3	10	0	30/60 sec
8. Superman	3	10	0	30/60 sec
9. Side plank	3	10	0	30/60 sec

Stretch-programma 10 min

Naast het feit dat je weer lekker in je vel wilt zitten en er goed uit wilt zien, is sporten na je bevalling goed om sterker te worden. Je zult merken dat vanaf het moment dat je een kindje hebt, je houding en bewegingen veranderen. Je tilt nu elke dag je baby op, je verschoont je baby op de commode en als je borstvoeding geeft, is dat een nieuwe houding die telkens terugkeert. Hierdoor kunnen er snel blessures ontstaan in de rug, nek en schouders als je niet sterk genoeg bent of als je niet goed op je houding let.

Wanneer je weer wilt trainen, luister dan altijd goed naar je lichaam. Na 6 weken rust kun je beginnen met de eerste oefeningen. Die zullen voornamelijk met je eigen lichaamsgewicht zijn of met lichte dumbbells en elastieken. Stop altijd wanneer je pijn voelt, want dan is je lichaam nog niet genoeg hersteld. Dit is uiteraard niet de pijn van lang niet getraind hebben, maar pijn die voortkomt uit de bevalling en zwangerschap. Na een periode van 6 weken licht trainen, kijk je na 12 weken hoe dit is gegaan en zet je een nieuwe stap door zwaardere oefeningen te doen.

SCHEMA 6 WEKEN NA DE BEVALLING:

Let op: gebruik alleen je eigen lichaamsgewicht of lichte dumbbells en elastieken.
Voorkom explosieve oefeningen als springen, box jumps of boksen en sla de buikspieroefeningen nog even over.
Tip: check of de ruimte tussen je buikspieren (linea alba) kleiner wordt. Dit doe je door op je rug te liggen, een klein beetje omhoog te komen met je bovenlichaam en dan met je vingers in de lijn tussen je buikspieren te voelen. Deze afstand moet niet groter zijn dan twee vingers naast elkaar. Voorkom zware squats, lunges en deadlifts omdat het gebied rondom je heupen, buik en bekken nog te gevoelig is en nog op zijn plek terug moet komen.

Eerste oefeningen na 6 weken (alles body weight)
De focus ligt op total body, grote spiergroepen, beweeglijkheid, mobiliteit en lenigheid.

1. BENCH PUSH-UP (BORSTSPIEREN, TRICEPS, SCHOUDERS & CORE STABILITEIT)

Starthouding Zet je handen op een bankje neer en plaats ze breder dan schouderbreedte. Maak je lichaam zo lang mogelijk.

Beweging Breng je borst zo ver mogelijk naar het bankje en duw jezelf weer omhoog. Herhaal dit meerdere keren.

Aandachtspunten Houd je lichaam als een plank, er mag geen kromming in het lichaam ontstaan. Zorg dat je schouders boven je handen staan en kantel je bekken, zodat je geen holle rug krijgt. Houd je hoofd in het verlengde van je nek en rug.

2. BENCH TRICEPS DIP (TRICEPS & SCHOUDERS)

Starthouding Ga op een bankje zitten. Plaats je handen naast je billen met je duimen aan de binnenkant.

Beweging Kom met je billen net voor het bankje uit en zak door je armen met je benen gestrekt voor je. Duw jezelf weer omhoog en herhaal dit meerdere keren.

Aandachtspunten Houd je ellebogen strak langs je lichaam, ze mogen tijdens het zakken niet naar buiten wijzen. Als je het te zwaar vindt, mag je je knieën buigen, dat maakt de oefening gemakkelijker.

3. ELASTIC BAND BENT OVER ROW (RUGSPIEREN)

Starthouding Zet beide voeten in het elastiek en zet ze neer op schouderbreedte. Met je handen pak je het elastiek op schouderbreedte vast.

Beweging Buig voorover met een lichte knik in je knieën. Breng beide ellebogen naar achteren en laat ze langzaam weer zakken. Herhaal dit meerdere keren.

Aandachtspunten Blijf je lichaam goed aanspannen. Houd je hoofd in het verlengde van je bovenlichaam. Houd je ellebogen strak langs je lichaam en zorg dat je schouderbladen naar elkaar toe trekken.

4. LUNGES (BOVENBENEN & BILSPIEREN)

Starthouding Zet je linkervoet voor en je handen in je zij.

Beweging Zak zo diep mogelijk door beide benen. Zorg voor genoeg ruimte tussen je voorste en achterste voet, zodat je benen een hoek van ongeveer 90 graden maken. Herhaal dit meerdere keren en wissel daarna van been.

Aandachtspunten Houd je bovenlichaam rechtop en span je buik- en bilspieren aan. Als je last hebt van knieproblemen, probeer dan tijdens het zakken je knie achter je voorste voet te houden.

5. BENCH STEP UP (BENEN, BILLEN, CORE & CARDIO)

Starthouding Ga voor een bankje staan ter hoogte van je knieën.

Beweging Stap met je linkervoet op het bankje en kom omhoog, neem nu je rechterknie mee naar boven. Stap weer terug met hetzelfde been en herhaal dit meerdere keren. Daarna wissel je van been.

Aandachtspunten Blijf je lichaam goed aanspannen, duw je borst naar voren, je schouders naar achteren en houd je buik en billen aangespannen. Beweeg je armen mee met je benen.

6.   SQUAT (BENEN & BILLEN)

Starthouding Zet je voeten op schouderbreedte. Strek je armen voor je op schouderhoogte.
Beweging Zak door je knieën. Houd je rug
lang, je borst open en probeer je billen naar
achteren te laten zakken alsof je op een stoel
gaat zitten. Probeer te zakken tot een hoek van
90 graden. Dieper mag, maar alleen als je zeker
weet dat je techniek en houding goed zijn.
Aandachtspunten Probeer je knieën achter
je tenen te houden. Een beetje eroverheen is
niet erg, maar breng je billen dan naar achteren. Druk je hielen in de grond. Span je buikspieren aan en duw je schouders goed naar
achteren.

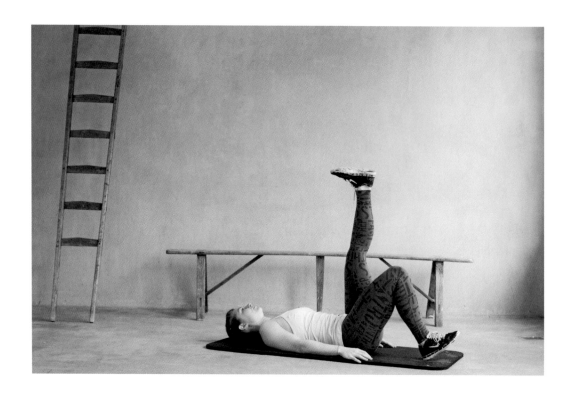

7. SINGLE LEG BRIDGE (BILSPIEREN, HAMSTRINGS & CORE STABILITEIT)

Starthouding Ga liggen op de grond met je armen gekruist of plat op de grond naast je lichaam. Zet je voeten op schouderbreedte met je knieën opgetrokken.

Beweging Breng één voet in de lucht en til met je andere been je billen in de lucht.Houd kort vast voor de juiste spanning in je bilspieren en hamstrings. Herhaal deze beweging meerdere keren en wissel dan van been.

Aandachtspunten Voer de beweging niet te snel uit, dan verlies je de gewenste spanning. Probeer die billen elke keer zo hoog mogelijk te tillen.

8. SUPERMAN (ROMPSTABILITEIT)

Starthouding Leun op je handen en knieën.
Beweging Breng je linkerarm gestrekt naar voren en tegelijkertijd je gestrekte rechterbeen naar achteren. Houd dit bijvoorbeeld 30 seconden vast en wissel dan van arm en been.
Aandachtspunten Span goed je billen en romp aan en blijf in balans. Probeer het been en de arm die je heft op één rechte lijn te houden.

9. SIDE PLANK (ROMPSTABILITEIT & ZIJKANT BUIKSPIEREN)

Starthouding Steun op je rechteronderarm, strek je beide benen en buig vanuit deze positie je beide benen. Je knieën mag je op de grond laten rusten als je het te zwaar vindt.
Beweging Beweeg je lichaam van hoog naar laag. Wissel ook van kant.
Aandachtspunten Als je op je onderarm steunt, moet je elleboog onder je schouder liggen. Houd je lichaam in een rechte lijn wanneer je op en neer beweegt. Vind je het te makkelijk met een gebogen been, dan mag je uiteraard beide benen strekken; zet je voeten op elkaar en kom omhoog.

BACK IN SHAPE
ELASTIC (POWER) BAND-SCHEMA

2. DRIE WEKEN TRAININGSSCHEMA ELASTIC (POWER) BAND

Warming- up 10 min

Cardio 10 min

Voer dit drie keer per week uit

	SET	REPS	TIME	REST
1. Elastic band chest press	3	8/12	0	30/60 sec
2. Overhead pull	3	8/12	0	30/60 sec
3. Elastic band single knee kick & arm row	3	8/12	0	30/60 sec
4. Mini band knee raise & shoulder press	3	8/12	0	30/60 sec
5. Mini band side steps	3	8/12	0	30/60 sec
6. Hip thrust mini band	3	8/12	0	30/60 sec
7. Back kick	3	8/12	0	30/60 sec
8. Side plank hip abduction	3	8/12	0	30/60 sec
9. Plank	3	8/12	30/35 sec	30/60 sec

1. ELASTIC BAND CHEST PRESS (BORST- & ARMSPIEREN)

Starthouding Ga staan met één been voor. Je staat in het elastiek dat achter je vastgebonden is. Houd het elastiek met beide handen vast.

Beweging Duw het elastiek naar voren. Je armen heb je iets breder dan schouderbreedte. Laat het elastiek langzaam terugveren en herhaal dit meerdere keren.

Aandachtspunten Blijf rechtop staan en houd je armen ter hoogte van je schouders.

2. OVERHEAD PULL (BOVENKANT RUGS-PIEREN & BICEPS)

Starthouding Plaats je voeten op schouderbreedte en pak het elastiek met beide handen bovenhands vast.

Beweging Buig je bovenlichaam voorover en trek het elastiek met beide handen van voor naar achteren. Herhaal dit meerdere keren.

Aandachtspunten Behoud een lichte knik in je knieën. Maak een holling in je onderrug bij deze voorovergebogen houding met je buik licht aangespannen. Houd je hoofd in het verlengde van je rug en nek. Als je het elastiek naar achteren trekt, moeten de schouderbladen bij elkaar komen. Duw je ellebogen zo ver mogelijk naar achteren.

3. ELASTIC BAND SINGLE KNEE KICK & ARM ROW (BENEN, BILLEN & RUGSPIE-REN)

Starthouding Maak het elastiek ergens aan vast ter hoogte van je middel. Met je handen pak je het elastiek bovenhands op schouderbreedte vast.

Beweging Je armen zijn gestrekt voor je. Stap met je rechterbeen naar achteren en zak door je rechterknie. Als je omhoogkomt, breng je je knie omhoog en tegelijkertijd trek je het elastiek met beide armen naar achteren. Veer het langzaam terug met je armen en been en herhaal dit meerdere keren. Wissel daarna van kant.

Aandachtspunten Blijf je lichaam goed aanspannen. Houd je ellebogen bij je middel en trek je schouderbladen naar elkaar toe.

4. MINI BAND KNEE RAISE & SHOULDER PRESS (BENEN, BILLEN & SCHOUDER-MOBILITEIT)

Starthouding Plaats de mini band om je wreven en polsen. Plaats je voeten op schouderbreedte.

Beweging Breng je armen omhoog en houd vast. Probeer continu in de lucht spanning op je elastiek te houden. Trek met je linkerknie het elastiek omhoog; dit voel je in je bovenbenen. Herhaal dit een aantal keer en wissel van kant.

Aandachtspunten Voel de spanning in je armen, schouders, benen en billen.

5. MINI BAND SIDE STEPS (ACTIVATIE BIL- & BEENSPIEREN)

Starthouding Plaats de mini bands om je enkels en boven je knieën.

Beweging Zet je voeten op schouderbreedte en zet kleine stappen naar de zijkant. Houd je handen in je zij of voor je. Laat ze niet hangen. Loop zijwaarts en dan weer zijwaarts de andere kant op.

Aandachtspunten Houd de mini bands aangespannen. Span je buik- en bilspieren goed aan. Til je voeten op, en sleep ze dus niet over de vloer.

6. HIP THRUST MINI BAND (BILLEN, CORE & HAMSTRINGS)

Starthouding Plaats de mini band net boven je knieën. Ga liggen op je rug met je armen langs je lichaam.

Beweging Zet je voeten op heupbreedte en duw je hielen in de grond. Trek je tenen naar je toe en til je heupen en billen de lucht in. Span hierbij extra goed je buik- en bilspieren aan. Als je heupen en billen in de lucht zijn, span je je billen kort aan voordat je ze weer laat zakken.

Aandachtspunten Span je buikspieren goed aan en laat je onderrug niet verslappen.

7. BACK KICK (BILSPIEREN & HAMSTRINGS)

Starthouding Leun op je handen en knieën. Houd je hoofd in het verlengde van je nek en recht je rug.

Beweging Breng je linkerbeen naar achteren, alsof je met je voet het plafond naar boven duwt. Houd je knie in een hoek van 90 graden. Herhaal dit meerdere keren en wissel van been.

Aandachtspunten Het is belangrijk dat je goed je billen aanspant als je je been heft. Houd die spanning kort vast voordat je je been laat zakken. Heb je last van je onderrug? Steun dan op je onderarmen in plaats van op je handen.

8. SIDE PLANK HIP ABDUCTION (ROMP-STABILITEIT, ZIJKANT BUIKSPIEREN & DIJEN)

Starthouding Steun op je rechteronderarm en je rechterknie met je gezicht zijwaarts.

Beweging Zet je linkerhand in je taille en til je linkerbeen op. Deze beweging herhaal je meerdere keren, zodat je de spanning in je linkerbeen gaat voelen. Wissel vervolgens van kant.

Aandachtspunten Je elleboog ondersteunt je schouder, houd je hoofd in het verlengde van je rug en nek.

9. PLANK (ROMPSTABILITEIT)

Starthouding Steun op je tenen en onderarmen.

Beweging Bij een statische plank komt geen beweging kijken. Wel span je steeds heel bewust je billen en buik goed aan.

Aandachtspunten Kantel je bekken, dus maak geen holle rug. Het gaat om de spanning in je romp, dus haal de kracht niet uit je armen. Laat je schouderbladen recht, duw de bovenkant van je rug niet helemaal naar boven.

BACK IN SHAPE

EXPLOSIEF KRACHT- EN CARDIOSCHEMA

De body weight-oefeningen worden explosiever en de focus komt op je core te liggen. Er komt gewicht bij om de oefeningen zwaarder te maken. Deze oefeningen draaien nog steeds om je grote spiergroepen, je lenigheid, het sterker maken van je lichaam en het verbeteren van je cardiovasculaire conditie. Wij adviseren om met deze oefeningen te beginnen na 12 weken.

3. TWEE WEKEN TRAININGSSCHEMA EXPLOSIEVE KRACHT, CARDIO

Warming-up 10 min   Voer dit drie keer per week uit

Cardio 10 min

CIRCUITTRAINING	SET	REPS	TIME	REST
1. Alternating back lunge & front kick	3	10	0	30/60 sec
2. Plank	3	0	45 sec	30/60 sec
3. Jump squat	3	12	0	30/60 sec
4. Superman	3	12	0	30/60 sec
5. Lunge jumps	3	10	0	30/60 sec
6. Side plank hip abduction	3	12	0	30/60 sec
7. Mountain climber	3	20	0	30/60 sec

Stretchprogramma 10 min

1. ALTERNATING BACK LUNGE & FRONT KICK (CONDITIE, BENEN & BILLEN)

Starthouding Zet beide voeten op schouderbreedte.

Beweging Stap naar achteren met je linkerbeen, en zak door je knieën tot een hoek van 90 graden. Als je omhoogkomt, trap je datzelfde been naar voren. Eerst 10 keer met links, daarna wissel je van been.

Aandachtspunten Balans is belangrijk, houd daarnaast je bovenlichaam zo goed mogelijk rechtop.

2. PLANK (ROMPSTABILITEIT)

Starthouding Steun op je tenen en onderarmen.

Beweging Bij een statische plank komt geen beweging kijken. Wel span je steeds heel bewust je billen en buik goed aan.

Aandachtspunten Kantel je bekken en maak geen holle rug. Het gaat om de spanning in je romp, dus haal de kracht niet uit je armen. Laat je schouderbladen recht staan en duw de bovenkant van je rug niet helemaal naar boven.

3. JUMP SQUAT (CONDITIE, BENEN & BILLEN)

Starthouding Zet je beide voeten op schouderbreedte.

Beweging Buig je knieën en maak vaart om de lucht in te springen. Als je springt, mogen je benen lang blijven. Kom neer en spring opnieuw. Neem je armen mee voor extra hoogte.

Aandachtspunten Als je neerkomt, zak je direct door je benen, dus je komt niet eerst stil te staan om daarna pas te zakken. Daarnaast houd je je borst open en je schouders naar achteren.

4. SUPERMAN (BUIKSPIEREN, ONDER-RUG, TOTAL BODY)

Starthouding Steun op voeten en handen.
Beweging Breng je linkerarm naar voren en je rechterbeen omhoog. Daarna wissel je van kant.
Aandachtspunten Span je buikspieren aan en focus op je balans. Je armen en benen hoeven niet hoger te komen dan lichaamshoogte.

5. LUNGE JUMPS (BOVENBEEN- & BIL-SPIEREN)

Starthouding Zet je linkervoet voor en je handen in je zij.
Beweging Zak zo diep mogelijk door beide benen. Zorg voor genoeg ruimte tussen je voorste en achterste voet, zodat je benen een hoek van ongeveer 90 graden maken. Herhaal dit meerdere keren en wissel daarna van been.
Aandachtspunten Houd je bovenlichaam rechtop en span je buik- en bilspieren aan.

6. SIDE PLANK HIP ABDUCTION (ROMP-STABILITEIT, ZIJKANT BUIKSPIEREN & DIJBENEN)

Starthouding Steun op je rechteronderarm en je rechterknie met je gezicht naar de zijkant.
Beweging Zet je linkerhand in je taille en til je linkerbeen omhoog. Deze beweging herhaal je meerdere keren, zodat je de spanning in je linkerbeen voelt. Wissel vervolgens van kant.
Aandachtspunten Je elleboog zit onder je schouder, houd je hoofd in het verlengde van je rug en nek.

7. MOUNTAIN CLIMBER (CONDITIE, BUIKSPIEREN, ARMEN & BENEN)

Starthouding Steun op je voeten en handen.
Beweging Beweeg je knieën om en om naar je borst alsof je op hoog tempo rent.
Aandachtspunten Span je buikspieren goed aan. Je schouders blijven recht boven je handen.

BACK IN SHAPE

DUMBBELLS EN KRACHT-SCHEMA

Bij dit trainingsschema ligt de focus op pure kracht, uithoudingsvermogen en core en er worden gewichten gebruikt om de oefeningen te verzwaren. Nog steeds krijgen de grote spiergroepen, de lenigheid en het sterker maken van je lichaam de volle aandacht.

4. DRIE WEKEN TRAININGSSCHEMA MET DUMBBELLS, KRACHT

Warming-up 10 min
Cardio 10 min

Voer dit drie keer per week uit

	SET	REPS	TIME	REST	KG
1. Dumbbell boxing	3	0	30 sec	30/60 sec	2 x 1 kg
2. Dumbbell shoulder press	4	12	0 sec	30/60 sec	2 x 1 kg
3. Dumbbell shoulder side raise	4	12	0 sec	30/60 sec	2 x 1 kg
4. Dumbbell bent over row	4	12	0 sec	30/60 sec	2 x 1 kg
5. Dumbbell peck deck butterflies	4	12	0 sec	30/60 sec	2 x 1 kg
6. Dumbbell squat & press	4	15	0 sec	30/60 sec	2 x 1 kg
7. Dumbbell lunge & rotation	4	16	0 sec	30/60 sec	1 x 4 kg
8. Kettlebell sumo squat	4	12	0 sec	30/60 sec	1x10 kg
9. Swiss ball hip bridge & leg extension	4	15	0 sec	30/60 sec	
10. Swiss ball crunch	4	20	0 sec	30/60 sec	
11. Swiss ball leg extension	4	15	0 sec	30/60 sec	

Stretchprogramma 10 min

1. DUMBBELL BOXING (ARMEN, SCHOUDERS, ROMP & CONDITIE)

Starthouding Zet je linkerbeen voor (als je rechts bent) en houd je dumbbells ter hoogte van je kaak.
Beweging Maak zo snel mogelijk directe stoten met links en rechts achter elkaar.

Aandachtspunten Breng telkens je ellebogen terug naar je middel en je handen terug naar je kaak, maar sla jezelf niet! Roteer je bovenlichaam mee van links naar rechts en span je buik aan.

2. DUMBBELL SHOULDER PRESS (KRACHT IN SCHOUDERS)

Starthouding Sta rechtop met je voeten op schouderbreedte.
Beweging Houd je dumbbells vast en breng beide armen tegelijk omhoog.
Aandachtspunten Blijf je hele lichaam goed aanspannen en rechtop staan. Als je armen zakken, laat dan je ellebogen iets lager dan schouderhoogte uitkomen.

3. DUMBBELL SHOULDER SIDE RAISE (KRACHT IN SCHOUDERS)

Starthouding Sta rechtop met je voeten op schouderbreedte.
Beweging Houd je dumbbells in beide handen vast en breng tegelijk je beide armen zijwaarts omhoog tot schouderhoogte.

Aandachtspunten Blijf je lichaam goed aanspannen en rechtop staan. Houd je armen gestrekt.

4. DUMBBELL BENT OVER ROW (KRACHT BOVENKANT VAN RUG)

Starthouding Zak licht door je benen en breng je gestrekte armen schuin naar beneden met je voeten op schouderbreedte.
Beweging Houd je dumbbells vast en breng beide armen met een roeiende beweging naar achteren. Houd je ellebogen op schouderhoogte.

Aandachtspunten Blijf je lichaam aanspannen en breng je ellebogen zo ver mogelijk naar achteren, zodat je schouderbladen naar elkaar toe gaan.

5. DUMBBELL PECK DECK BUTTERFLIES (KRACHT IN BORST & SCHOUDERS)

Starthouding Sta rechtop met je voeten op schouderbreedte.

Beweging Houd je dumbbells in beide handen vast en breng ze zijwaarts totdat de ellebogen op schouderhoogte zijn. Breng daarna de elle-bogen naar elkaar toe en weer terug.

Aandachtspunten Blijf je lichaam goed aan-spannen en rechtop staan. Zorg ervoor dat de ellebogen dicht bij elkaar komen.

6. DUMBBELL SQUAT & PRESS (BENEN, BILLEN & SCHOUDERS)

Starthouding Zet je voeten op schouderbreed-te en je handen ter hoogte van je schouders met de dumbbells in je handen.

Beweging Maak een kniebuiging met een hoek van ongeveer 90 graden, kom omhoog en duw de dumbbells uit naar boven met ge-strekte armen.

Aandachtspunten Span je buik aan en val niet voor- of achterover.

7. DUMBBELL LUNGE & ROTATION (BENEN, BILLEN & ROMP)

Starthouding Plaats je voeten op schouderbreedte, pak één dumbbell met beide handen vast en houd deze ter hoogte van je borst.
Beweging Stap uit met links, zak door je knieen en roteer met je bovenlichaam naar links.

Stap terug, herhaal dit met je andere been en roteer naar de andere kant.
Aandachtspunten Houd je bovenlichaam recht.

8. KETTLEBELL SUMO SQUAT (BINNENKANT BENEN & BILLEN)

Starthouding Zet je voeten iets breder dan schouderbreedte neer, houd de kettlebell met beide handen vast en plaats je voeten naar buiten.
Beweging Zak door je knieën en laat de kettlebell zo ver mogelijk zakken. Kom langzaam weer omhoog.

Aandachtspunten Houd je bovenlichaam zo recht mogelijk.

9. SWISS BALL HIP BRIDGE & LEG EXTENSION (BILLEN, HAMSTRINGS & CORE)

Starthouding Plaats je voeten op de bal en plaats je armen langs je lichaam.

Beweging Duw je heupen omhoog en trek vanuit die positie je benen naar je toe en maak ze weer lang. Je houdt daarbij je billen in de lucht.

Aandachtspunten Focus op je balans en blijf je totale lichaam goed aanspannen.

10. SWISS BALL CRUNCH (CORE & RECHTE BUIKSPIEREN)

Starthouding Ga met je rug op de bal liggen. Plaats je voeten op schouderbreedte en je knieën in een hoek van 90 graden. Plaats je handen naast je hoofd.

Beweging Kom omhoog door je buikspieren aan te spannen. Duw je borst open en behoud contact met de bal.

Aandachtspunten Blijf je bekken kantelen, zodat je geen last krijgt van je onderrug. Zo span je je buikspieren meer aan.

11. SWISS BALL LEG EXTENSION (CORE & RECHTE BUIKSPIEREN)

Starthouding Plaats je handen op schouderbreedte op de grond. Leg je voeten op de bal.
Beweging Trek je knieën naar je borst waardoor je de bal intrekt. Maak jezelf daarna lang en herhaal de beweging.

Aandachtspunten Je schouders blijven boven je handen, alleen je onderlichaam beweegt, je bovenlichaam blijft stil. Kantel je bekken goed, zodat de focus op je buikspieren blijft liggen.

Wat een mooie ervaring en beleving was het om gedurende mijn zwangerschap zo op de voet gevolgd te worden voor dit nuttige en prachtige boek van Radmilo.

Een kindje dat ontwikkelt en groeit in je buik is een bijzonder iets, de bevalling en het wonder dat er uit komt nog honderd keer mooier! Je wilt je fysiek en mentaal zo goed mogelijk voorbereiden op dit alles en daar is dit boek heel geschikt voor.

Sporten tijdens je zwangerschap is voor mij niet meer dan normaal: het is mijn werk, het is een deel van mijn leven, mijn levensstijl. Maar er zijn heel veel vrouwen die geen idee hebben wat je allemaal nog mag en kunt tijdens je zwangerschap. Dit hele proces van oefeningen, gezond eten en weer back in shape komen is in dit boek perfect beschreven en ook voor iedere vrouw te doen. Zelfs als je helemaal geen ervaring met sporten hebt.

Ik heb genoten van het feit dat ik zo fit was al die maanden, dat de bevalling zo soepel en vlekkeloos is verlopen en ik nu weer sterk, krachtig en fit door het leven kan met twee kanjers van kinderen.

Elske Sorel

Elske en zoontje Cooper

DEEL 3

RECEPTEN EN VOEDINGSTIPS

Als je zwanger bent eet je voor twee. Nu bedoel ik niet dat je dat heel letterlijk moet nemen. Wat ik bedoel, is dat jij je bewust bent van wat je binnenkrijgt en waarom. Wat mij betreft is het niet ingewikkeld: kook met verse producten, eet gezond en gevarieerd. Zo krijg je alle benodigde voedingsstoffen binnen.
Dat is mijn definitie van 'superfood'.
Om je te inspireren en een handje op weg te helpen, heb ik een aantal supersnelle recepten ontwikkeld. Deze zijn gezond en lekker en iedereen kan ze klaarmaken. Enjoy!

Weinig mensen weten dat ik ruim tien jaar als chef heb gewerkt.

Koken is sinds die tijd een van mijn grote passies. De ervaringen en de kennis die ik in die tijd heb opgedaan, komen nu heel goed van pas wanneer ik voedingsschema's maak of recepten ontwikkel voor mijn boeken.

Er wordt heel veel geschreven over wat je wel of niet moet eten. Zoveel dat je bijna door de bomen het bos niet meer ziet.

Volgens mij is het heel simpel: eet gevarieerd, wees je bewust van wat je eet en pas op met te zout, te zoet en te vet. Al is een beetje vet wel heel belangrijk, zoals je al hebt kunnen lezen in het hoofdstuk over voeding.

Zelf koken, zonder toevoegingen en met goede en verse ingrediënten die met zorg zijn gemaakt, dat is mijn definitie van 'superfood'.

Het maken van de recepten voor dit boek was een ongelooflijk feest. Ik heb mijn auto volgeladen met groenten, kruiden, verse vis, noten, zaden en alle andere prachtige producten waar ik dol op ben en ik ben gaan 'spelen' in de keuken.

Ik hoop van harte dat ik jullie met mijn recepten kan inspireren en aanmoedigen om hetzelfde te doen: ga koken en ontdek wat je lekker vindt.

Want genieten van je eten en vooral van sámen eten, zijn ontzettend belangrijke dingen. Als je straks een gezin hebt, is dat een mooie boodschap om door te geven.

1 Heel vaak geef ik in mijn recepten hoeveelheden aan om je een beetje op weg te helpen. Behalve bij de recepten voor de taarten kun je bij de meeste recepten zelf bepalen hoeveel je ergens van gebruikt.

2 In mijn recepten gebruik ik soms gerookte zalm en makreel. Voorverpakte vis (dus ook forel etc.) die geseald is, kan de voor zwangere vrouwen gevaarlijke Listeriabacterie bevatten. Koop je vis bij een goede vishandel en vraag hoe zij de vis krijgen aangeleverd.

3 De meeste recepten zijn voor 2 personen of voor 1 portie geschreven. Je kunt er heel makkelijk een grotere hoeveelheid van maken. Heel soms, zoals bij de pompoensoep, gaat het om een grotere portie omdat je anders blijft zitten met een stuk pompoen. Met restjes groenten kun je geweldige dingen doen: rooster of stoom ze, maak er salades mee of gebruik ze voor mijn blendersoepen of smoothies.

Ik wens je heel veel plezier met mijn recepten. Enjoy & Happy Cooking!

Radmilo

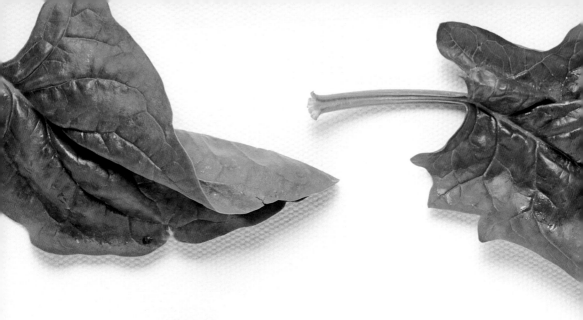

Zongedroogde tomatentapenade

Rooster **2 eetlepels witte amandelen** in een droge koekenpan.

Giet vervolgens **4 eetlepels olijfolie van de zongedroogde tomaten** in een koekenpan.

Fruit **1 kleine gesnipperde ui** en **2 tenen knoflook** in de olie totdat ze zacht en glazig zijn. Meng alles met **200 gram uitgelekte zongedroogde tomaten** in een maatbeker en maal het mengsel niet al te fijn met een staafmixer.

Kies de lekkerste zongedroogde tomaten die je kunt vinden voor een heerlijk resultaat.

Zwarte olijventapenade

Hak **250 gram Taggiasche of Kalamataolijven** niet al te fijn en meng met **3 gehakte ansjovisfilets**, **1 gehakte teen knoflook**, **2 eetlepels gehakte bladpeterselie** en **3 eetlepels extra vergine olijfolie**.

Kies voor een van de genoemde olijven of voor een andere soort die van zichzelf 'zwart' is. De goedkopere zwarte olijven zijn op kleur gebracht.

BASISRECEPTEN

Tzatziki

Klop **200 ml dikke Griekse of Turkse yoghurt (10% vet)** met **½ geraspte komkommer zonder zaden**, **2 tenen knoflook uit de pers**, **2 eetlepels gehakte dille**, **1 eetlepel extra vergine olijfolie**, **1 eetlepel versgeperst citroensap**, een **snufje fijn zeezout** en **versgemalen zwarte peper**.

Pesto

Rooster **50 gram pijnboompitten** in een droge koekenpan. Pureer met **90 gram basilicum**, **1 teen knoflook** en **60 gram Parmigiano Reggiano** (Parmezaanse kaas). Voeg in een dunne sliert net zoveel **extra vergine olijfolie** toe totdat je een dikke saus hebt (ongeveer 80-100 ml). Breng op smaak met **fijn zeezout** en **versgemalen zwarte peper**.

Variatie:

Gebruik in plaats van pijnboompitten andere noten zoals hazelnoten, amandelen of walnoten.
Vervang de basilicum eens door waterkers met een beetje verse basilicum, rucola of bladpeterselie.

Hummus

Pureer **200 gram gekookte kikkererwten** met **1 flinke teen knoflook**, **3 eetlepels extra vergine olijfolie**, het **sap van 1 citroen** en **3 eetlepels tahin** (sesampasta) tot een gladde massa. Breng op smaak met **fijn zeezout** en **versgemalen zwarte peper**. Garneer met een **sliert extra vergine olijfolie** en **chilivlokken**.

Variaties:
+ 60 ml crème fraîche
+ 1 geroosterde paprika
+ 3 uitgelekte zongedroogde tomaten op olie en ¼ rode peper

Guacamole

Pureer het vlees van **2 flinke rijpe avocado's** met **½ kleine rode ui**, **½ rode peper**, **1 bosje verse koriander met stelen**, het **sap van 1 limoen** en **1 eetlepel extra vergine olijfolie**. Breng op smaak met **fijn zeezout**.
Eet de guacamole meteen of bewaar deze in de koelkast onder een **dun laagje limoensap** en dek af met huishoudfolie. Zorg ervoor dat je het folie tegen de guacamole aandrukt om verkleuring te voorkomen.

1

Yoghurt-dilledressing

Klop **200 ml yoghurt** op met **1 eetlepel versgeperst citroensap, 2 eetlepels gehakte verse dille** en **2 eetlepels extra vergine olijfolie**. Proef en breng eventueel verder op smaak met **fijn zeezout** en **versgemalen zwarte peper**.

2

Yoghurt-saffraandressing met sinaasappel

Klop **200 ml yoghurt** op met het sap en de fijne rasp van ½ sinaasappel, ½ eetlepel versgeperst citroensap, **1 eetlepel gehakte dille** en **1 eetlepel extra vergine olijfolie**. Week **8 draadjes saffraan** in 1 eetlepel heet water en voeg toe.
Meng alles goed door, proef en breng verder op smaak met **fijn zeezout** en **versgemalen zwarte peper**.

3

Dressing voor gegrilde vis -I

Klop **175 ml extra vergine olijfolie** op met **60 ml versgeperst citroensap**, **1 eetlepel gehakte dille**, **1 eetlepel gehakte bladpeterselie** en **1 teen knoflook** uit de pers. Proef en breng verder op smaak met **fijn zeezout** en **versgemalen zwarte peper**.

4

Dressing voor gegrilde vis -II

Klop **175 ml extra vergine olijfolie** op met het sap van **1 flinke citroen**, **1 teen knoflook uit de pers**, **1 eetlepel gehakte bieslook** en **1 eetlepel gehakte koriander**. Proef en breng op smaak met **fijn zeezout** en **versgemalen zwarte peper**.

DRESSING
VOOR CA. 250 ML

5

Honing-mosterddressing met tijm

Klop **2 eetlepels balsamico** op met **2 eetlepels fijne (Dijon) mosterd**, **1 eetlepel honing**, **1 eetlepel versgeperst citroensap** en de **blaadjes van 2 takjes verse tijm**. Giet al kloppend **150 ml extra vergine olijfolie** erbij in een dunne straal. Breng op smaak met **fijn zeezout** en **versgemalen zwarte peper**.

6

Sesam-balsamicodressing

Klop **2 eetlepels dunne sojasaus** (bijv. Kikkoman) op met **4 eetlepels balsamico**, **125 ml extra vergine olijfolie**, **sap van ½ sinaasappel**, **1 eetlepel honing** en **1 theelepel sesamolie**. Proef en breng op smaak met **1 eetlepel geroosterde sesamzaadjes**, **fijn zeezout** en **versgemalen zwarte peper**.

7

Vinaigrette

Klop **175 ml extra vergine olijfolie** op met **2 eetlepels rodewijnazijn**, **1 eetlepel balsamico**, **1 eetlepel versgeperst citroensap**, **2 theelepels fijne (Dijon) mosterd** en **1 gesnipperde sjalot**. Proef en breng op smaak met **fijn zeezout** en **versgemalen zwarte peper**.

8

Balsamicodressing

Klop **175 ml balsamicoazijn** op met **60 ml extra vergine olijfolie**, **3 eetlepels gehakte bladpeterselie**, **½ kleine gesnipperde rode ui** en **2 theelepels gehakt vers oreganoblad**. Breng op smaak met **fijn zeezout** en **versgemalen zwarte peper**.

VERSE POWERSAPJES

Deze sapjes maak je in een handomdraai in een juicer of blender. Die zijn er in alle soorten en maten en vooral prijsklassen. Het is een uitgave waar je lang plezier van hebt. Ik zou voor een blender of juicer gaan, waarbij je kunt kiezen of je meer of minder pulp in je sapje wilt. Meer pulp betekent meer vezels en die zijn heel goed voor je. Een blender is meestal een stuk goedkoper dan een juicer. Als je sappen in een blender maakt, blijven de vezels er altijd in zitten. Meestal voeg ik dan nog een beetje kokoswater of bronwater toe om de massa iets dunner te maken. Exacte hoeveelheden geef ik niet, ik geef liever lekkere combinaties. Experimenteer gerust en maak je eigen mix.

Pas wel op met ingrediënten die overheersen, zoals gemberwortel, komkommer en koolsoorten. Je kunt beter iets toevoegen dan dat een ingrediënt de smaak van je sapje bederft. Sappen als sinaasappelsap en citroensap pers ik apart en voeg ik later toe. Drink de sapjes meteen op en laat ze niet staan, dan krijg je de meeste vitaminen en mineralen binnen.

GOOD MORNING

Stukje komkommer, klein stukje geschilde gemberwortel, winter-peen, versgeperst sinaasappelsap en citroensap.

BEAUTIFUL DAY

Rode biet, klein stukje komkommer, klein stukje gemberwortel, groene appel en versgeperst citroensap.

SUNSET

Handje spinazie, stukje selderijstengel, stukje komkommer, groene appel en versgeperst citroensap.

SMOOTHIES

Een verse smoothie is lekker en zit boordevol vitaminen en mineralen. Lekker voor tussendoor, maar ook heel geschikt als lichte maaltijd. Je kunt de smoothie nog voedzamer maken door er havermout of je zelfgemaakte gra- nola aan toe te voegen. In het recept staat wat erin zit, varieer zelf met de hoeveelheden. Pas op met ingrediënten met een sterke smaak, zoals gember en peper; je kunt beter er later nog iets bij doen.

BEAUTY

Doe rijpe **aardbeien**, **frambozen**, een **banaan**, een paar **walnoten**, een paar eetlepels **geraspt kokos**, **verse munt-blaadjes** en **kokoswater** in een blender. Draai totdat je een egale smoothie hebt en drink deze meteen op.
Deze smoothie is rijk aan vitamine C en B2 en B6, antioxidanten, vezels en plantaardige vetten.

ENERGY

Doe **rijpe banaan**, **blauwe bessen**, een paar **pecannoten**, **amandelmelk**, **yo-ghurt** en een snufje **gemalen kaneel** in een blender. Draai totdat je een egale smoothie hebt en drink deze meteen op. Deze smoothie is rijk aan vitamine C en B, calcium en omega 3-vetzuren .

ONTBIJT

Als je wakker wordt, heb je al een hele poos niets meer gegeten en hebben je darmen niets te doen gehad. Een lekker ontbijt zet je darmen aan het werk en geeft je stofwisseling een flinke boost, waardoor je energieniveau stijgt en jij fysiek en mentaal goed de dag begint.

Een ontbijt van yoghurt, honing, kaneel, noten en rood fruit is heel goed voor je darmflora, dus voor de werking van je darmen. Het is rijk aan eiwitten, die je lang een verzadigd gevoel geven, vitaminen, mineralen en antioxidanten.

Een goed en gezond ontbijt is daarom de belangrijkste maaltijd van de dag. Haast je niet, maar geniet ervan! Er is geen betere manier om de dag te beginnen.

ROOD FRUIT
IS GOED VOOR JE!

Als we het hebben over rood fruit, dan is het niet moeilijk je voor te stellen om welke fruitsoorten het gaat: aardbeien, bramen, bosbessen, cranberry's, rode bessen en frambozen zijn de soorten die je nu bijna het hele jaar kunt kopen, alhoewel het eigenlijk zomerfruit is.

Rood fruit kun je uit de hand eten en is niet alleen ontzettend lekker, maar vooral gezond. Het bevat veel vezels en voedingsstoffen als mangaan, magnesium, ijzer, calcium, zink, selenium en vitamine C.

Aardbeien bevatten ook nog eens foliumzuur.

Je kunt dus rustig zeggen dat rode vruchten kleine powerhouses van gezondheid en energie zijn.

Bosbessen en sommige frambozen bevatten anthocyanen; dit zijn stoffen die zich gedragen als antioxidanten en vrije radicalen bestrijden. Vrije radicalen ontstaan als gevolg van luchtvervuiling en stress, maar ook door een ongezonde lifestyle. Je lichaam maakt dan zelf meer vrije radicalen aan.

Vrije radicalen zijn moleculen die bijdragen aan veroudering en ze tasten weefsels aan. Ook wordt er gedacht dat zij een rol spelen bij een aantal ziekten.

TIP
Bijna alle supermarkten verkopen tegenwoordig diepgevroren rood fruit. Je kunt het dus in alle seizoenen bij de hand hebben voor je ontbijt of voor verse smoothies.

KWARK MET GRANOLA & ROOD FRUIT

VOOR 2 PERSONEN

Doe in een mooi glas **100 gram zelfge-maakte granola** (pag. 253) zonder suiker met daarop laagjes van **200 gram kwark** en **150 gram rood fruit**. Schenk er een klein sliertje **honing** over.

YOGHURT MET ROOD FRUIT

VOOR 2 PERSONEN

Maak in 2 mooie glazen verschillende laagjes van **200 gram yoghurt**, **150 gram rood fruit**, **1 eetlepel honing**, **een snufje kaneel**, in een droge hete koekenpan geroosterde **amandelsnippers** en **wat kokossnippers**.

RIJSTWAFELS MET PINDAKAAS, PLAKJES BANAAN EN KOKOSCHIPS

Garneer de wafels met kaneelpoeder en wat geraspte pure chocola van 70% chocolade. Banaan is rijk aan kalium en bevat vitamine B6 en C. Pinda's bevatten foliumzuur en proteïne. Deze lekkere en simpele wafel verzadigt goed en is ook nog eens heel gezond.

BROODJES,
CRACKERS
& RIJSTWAFELS

Een graankorrel is het zaad van de plant. Deze bestaat van buiten naar binnen uit drie delen: de zemel (het vliesje), het meellichaam (waar bloem van gemaakt wordt) en de kiem of kern. Al deze delen bevatten weer andere waardevolle voedingsstoffen en vezels en daarom is het logisch dat het volle of volkorengraan, waarin alle drie de delen zitten, het gezondste is voor jou en je baby.

Volkorenbrood bevat koolhydraten, eiwitten, vitamine B6, B12 en E, mineralen en andere stoffen als jodium (pag. 20), dat volgens een wet aan bakkerszout moet worden toegevoegd. Biologisch brood wordt met 'gewoon' zout gebakken.

Tot voor kort werd brood meestal van tarwe- en roggebloem gemaakt, maar steeds vaker worden er andere graansoorten gebruikt, zoals spelt, maïs, haver, teff en amaranth. Dit zijn granen die nog niet zo bewerkt zijn als tarwe.

Deze broden vind je bij speciale bakkers. Er worden hele boeken volgeschreven over de voor- en nadelen van brood. Het aantal mensen dat zegt last te hebben van tarwe en gluten stijgt explosief.

Twee dingen zijn in de laatste vijftig jaar ingrijpend veranderd: de tarwe die we nu eten is vaak gemodificeerd (bewerkt) en het meeste brood dat verkocht wordt, krijgt nog maar weinig tijd om te rijzen. Het brood 'van vroeger' kreeg daarentegen dertig uur de tijd om te rijzen en te rusten voordat het werd afgebakken. Beide factoren worden gezien als oorzaken van het steeds vaker niet goed verdragen van brood.

Uit onderzoek blijkt dat binnen een langere tijd van rijzen en rusten het grootste deel van de gluten wordt afgebroken. Dat maakt het brood lichter om te verteren. Daarom geef ik de voorkeur aan zuurdesembrood – zonder toevoegingen en gemaakt van volwaardige granen.

RIJSTWAFELS

Rijstwafels zijn prima tussendoortjes: ze zijn glutenvrij (mits alleen van rijst gemaakt), bevatten geen vet en weinig calorieën. De soorten die gemaakt zijn van bruine rijst bevatten ook nog eens veel vezels. Tegenwoordig zijn er allerlei varianten, bijvoorbeeld met zaadjes, meergranen of spelt. Deze bevatten meer voedingsstoffen dan gewone rijstwafels.

Rijstwafels beleg je met alles wat je lekker vindt, ik geef je alvast wat ideetjes.

Zachte geitenkaas, plakjes appel, avocado en tomaat.
Garneer met een sliertje extra vergine olijfolie, zeezout en versgemalen zwarte peper.

Roomkaas, gerookte zalm, plakjes ei en dille.
Het is lekker om er wat avocado en alfalfa bij te doen.

Roomkaas, rode-uiringen en rucola.

CRACKERS

Crackers zijn net als rijstwafels ideale tussendoortjes, maar ze bevatten meer voedingsstoffen doordat ze vaak van volwaardige granen en voedzame zaden worden
gemaakt.

Beleg een volkoren- of zuurdesemcrac-
ker of speltcracker met zaden met:
plakjes gerookte kipfilet, avocado met verse kruiden, kappertjes en zongedroogde
tomaat, brokjes geitenkaas en radicchio.

Beleg een volkoren cracker met guacamole (pag. 243), tomaat en een gebakken kwarteleitje. Bestrooi met zeezout
en versgemalen zwarte peper.

Beleg een speltcracker met gerookte
makreelfilet, dunne plakken venkel en
plakjes bleekselderij.

MIJN BROODJE GEZOND MET EI

1 PORTIE

Rooster **1 plak zuurdesem-, spelt- of volkorenbrood**. Beleg deze om en om met
plakjes van **1 hardgekookt ei**, gehalveerde **cherrytomaatjes**, **rucola**, gehakte **pistachenootjes** en **amandel**. Schenk
er een **sliertje extra vergine olijfolie** en
balsamicoglaze over en garneer met
een toef **alfalfa** of andere kiemen die je
lekker vindt.

GEROOKTE MAKREEL & YOGHURT-DILLEDRESSING

1 PORTIE

Rooster **1 plak zuurdesem-, spelt- of volkorenbrood**. Beleg om en om met **gerookte makreelfilet** en dungesneden of geschaafde **venkel**. Garneer met verse dille en yoghurt-dilledressing (pag. 244).

CROSTINI CAPRESE MET AVOCADO

1 PORTIE

Rooster **1 plak zuurdesem-, spelt- of volkorenbrood**. Beleg om en om met **zongedroogde tomaat**, **rucola**, plakjes **rijpe avocado**, **buffelmozzarella**, **verse basilicum** en **tomaat**.

Schenk er een **sliertje extra vergine olijfolie** over. Bestrooi met **fijn zeezout** en **versgemalen zwarte peper** en garneer met **geroosterde pijnboompitten**.

CROSTINI MET VIJGEN & GEITENKAAS

VOOR 1 PORTIE

Rooster **1 plak zuurdesem-, spelt- of volkorenbrood**. Beleg om en om met **halve rijpe vijgen** en **zachte geitenkaas**. Bestrooi met **gehakte walnoten**, **verse tijmblaadjes** en **druiven**. Schenk er dan nog een klein **sliertje honing** over.

DE KRACHT
VAN HET EI

EIMUFFINS MET GEITENKAAS & KNAPPERIGE GROENTEN

VOOR 2 PERSONEN

Verwarm de oven voor op 190 °C. Klop **2 eieren** op met een **scheutje melk** en **50 gram zachte geitenkaas**. Breng het mengsel op smaak met een **beetje zee-zout** en **versgemalen zwarte peper**. Schep het mengsel in 4 kleine muffin-vormpjes met antiaanbaklaag en garneer met je favoriete groene, beetgare groenten als **roosjes romanesco** (groene bloemkoolsoort), **broccoli**, reepjes **prei**, grofgesneden **courgette** of gehakte **wilde spinazie**. Zet de muffins in het midden van de oven totdat ze mooi gaar en goudbruin zijn; dit duurt ongeveer 10-12 minuten.

TIP
Met een frisse salade erbij heb je een heerlijke lunch. Bereid wat extra muffins om te eten als tussendoortje of voor de lunch op je werk. Ook op kamertemperatuur zijn ze heel erg lekker!

GEVULDE AVOCADO MET GEROOKTE ZALM & KWARTELEI

VOOR 2 PERSONEN

Bak **2 kwarteleitjes** in een **beetje olijf-olie** in een (poffertjes)pan met antiaan-baklaag. Halveer **1 avocado** en haal de pit eruit. Vul de holte van de avocado met **2 lekkere plakken gerookte zalm** en druppel er wat **versgeperst citroen-sap** over. Garneer met een **schep crème fraîche** en **verse dille**.

FILOTAARTJE MET EI, WILDE SPINAZIE & RADICCHIO

VOOR 2 PERSONEN

Verwarm de oven voor op 190 °C. Smelt een **klein klontje roomboter**.

Ontdooi ondertussen **4 vellen filodeeg**. Snijd hier 4 vierkanten van 15 x 15 cm van en bestrijk deze met de gesmolten boter. Stop een velletje filodeeg in een muffinvorm, leg het tweede velletje daar een kwartslag gedraaid op en druk even aan totdat het een stevig bakje is. Herhaal dit tot je 2 deegbakjes hebt. Breek **1 ei** in elk deegbakje en zet dit in de oven. Als het deeg goudbruin en knapperig is, is het eitje gaar!

Maak een frisse salade van **wilde spinazie** (verwijder de harde stelen), een **beetje gesneden radicchio** en **vinaigrette** (pag. 245). Je kunt natuurlijk ook een ander slamengsel gebruiken.

OMELET MET SPINAZIE, RICOTTA & GEROOKTE ZALM

VOOR 1 PORTIE

Klop 2 eieren in een kommetje. Breng op smaak met zeezout en versgemalen zwarte peper.

Verhit een klein scheutje olijfolie in een koekenpan. Giet het ei in de pan. Zet de vlam laag en doe een deksel op de pan. Leg zodra het ei gestold en gaar is, de omelet op een snijplank. Bestrijk deze met wat ricotta en beleg met verse bladspinazie, gerookte zalm en gesneden bieslook. Rol op en snijd door. Eet de rolletjes warm of op kamertemperatuur.

TIP

Deze rolletjes zijn ook heel geschikt om mee te nemen naar je werk als lunch of als tussendoortje.

SOEPEN

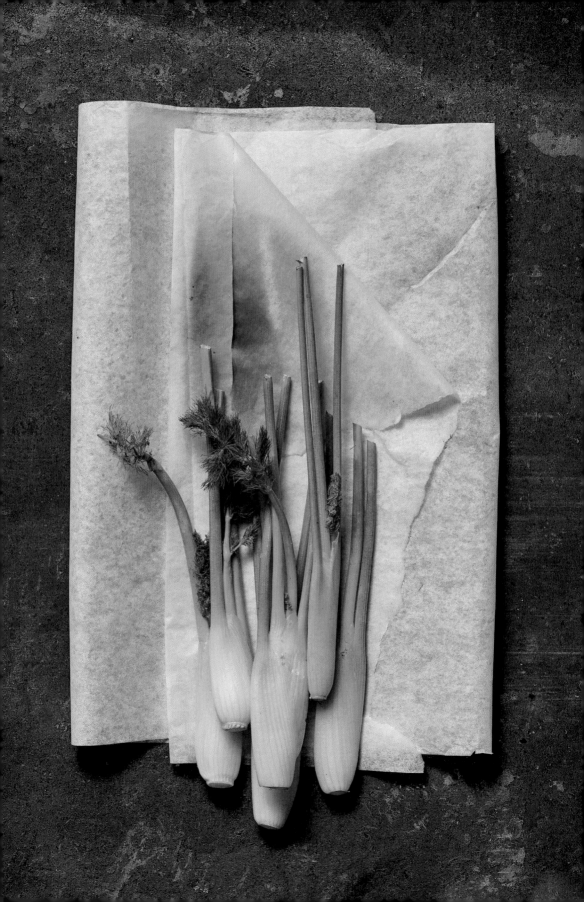

POMPOENCAPPUCCINO

VAN TON

VOOR 4-6 PERSONEN

Verhit in een soeppan **2 eetlepels olijf-olie**. Fruit **½ gesnipperde ui** met **1 teen fijngehakte knoflook**, **½ rode paprika in reepjes** en **1 mespuntje ras el hanout** (dit vind je bij de specerijen). Voeg **200-300 gram (fles)pompoen in blokjes** toe en schep even om.

Giet er **500 ml groentebouillon** en **75 ml kokosmelk** bij en laat het geheel ongeveer 20 minuten zachtjes koken, of tot de pompoen zacht en gaar is. Pureer met een staafmixer tot een egale massa. Proef en breng zo nodig nog verder op smaak met **fijn zeezout** en **versgemalen zwarte peper** en eventueel een paar druppels sesamolie. Heb je over? Vries het dan lekker in!

Serveertip

Verhit de oven voor op 220 °C. Hol kleine pompoenen uit en bestrijk de bovenkant met olijfolie. Schep de warme soep in de pompoenen en zet deze in de oven totdat de soep heet is en de bovenkanten van de pompoenen licht gegratineerd zijn.

Lekker lichte & supersnelle blendersoep

In maar 1 minuut maak je in je blender meer dan een liter lekkere soep. Dit is een hoeveelheid voor ongeveer 6 soepjes, maar je kunt ook alleen voor jezelf wat soep maken met bouillon en groente die je lekker vindt of die je op wilt maken. Varieer dus volop en ontdek je eigen lekkere mix voor snelle en voedzame soepen.

TOMATENSOEP MET KIPBALLETJES

VOOR 2-3 PORTIES

Verhit **1 eetlepel olijfolie** en fruit hierin **1 teen knoflook** en **½ flinke gesnipperde sjalot**. Voeg **500 ml hete** (liefst biologische) **groentebouillon** toe en **300 gram rijpe pomodoritomaten**, **4 zongedroogde tomaten op olie** (uitgelekt), **½ stengel bleekselderij** en **1 worteltje**. Kook de soep ca. 20 minuten, tot alle groenten zacht en gaar zijn. Pureer daarna met een staafmixer of in een blender.

Maak kipballetjes van **150 gram fijngehakte kipfilet**, een snufje **fijn zeezout**, **versgemalen zwarte peper** en **gehakte bladpeterselie**. Voeg de balletjes toe aan de soep; zodra ze drijven zijn ze gaar. Laat de soep nog even doorkoken en voeg wat **gesneden basilicum**, **fijn zeezout** en **versgemalen zwarte peper** toe en garneer met wat **extra vergine olijfolie**.

SPICY & GROEN

VOOR 2-3 PERSONEN

Doe **500 ml** (liefst biologische) **hete groentebouillon** in een blender met **1 teentje knoflook** uit de pers, **1 sjalot**, **1 stengel bleekselderij**, **½ rode paprika**, **handje (wilde) spinazie**, **¼ rode peper** zonder zaden en een **handje broccoliroosjes**. Draai 1 minuut totdat alles fijn en goed gemengd is en breng verder op smaak met een sliertje **extra vergine olijfolie**.

MIJN GAZPACHO UIT DE BLENDER

VOOR 2-3 PERSONEN

Doe in een blender **500 ml hete groentebouillon** (liefst biologisch) met **200 gram rijpe tomaten**, **½ rode paprika** zonder zaden, **⅛ komkommer** zonder zaden, **1 sjalot**, **1 teen knoflook**, **1 stengel bleekselderij**, **2 eetlepels tomatenpuree**, het kruim van **1 bruine boterham**, wat **bladpeterselie**, **verse basilicum**, flinke sliert **extra vergine olijfolie**, **2 eetlepels rodewijnazijn**, fijn zeezout en **versgemalen zwarte peper** naar smaak.

Draai 1 minuut of totdat alles fijn is en goed gemengd. Eet je gazpacho meteen op kamertemperatuur of eventueel, zoals men in Spanje doet, gekoeld.

VLEES &
GEVOGELTE

BURGERS VAN GEROOKTE ZALM, KIP EN KALFSSCHNITZEL MET GROENE KRUIDEN

VOOR 2 PERSONEN

Hak **100 gram kipfilet**, **100 gram kalfs-schnitzel** en **50 gram gerookte zalm** niet al te fijn. Doe alles in een kom en meng dit met **1 fijngehakte sjalot**, **1 handje fijngehakte bladpeterselie** en **1 handje fijngehakte koriander**. Breng op smaak met **fijn zeezout**, **versgemalen zwarte peper**, **het versgeperste sap van ½ citroen** en **5 gehakte kappertjes**. Vorm er met vochtige handen twee burgers van. Bestrijk ze rondom met een **klein beetje olijfolie**.

Verhit een grillpan totdat deze gloeiend heet is. Bak de burgers aan beide kanten mooi bruin. Leg een velletje aluminiumfolie op de burgers en laat ze op laag vuur nog 5-8 minuten zachtjes bakken tot ze gaar zijn.

Gril **2 broodjes**. Serveer de burgers met **tzatziki** (pag. 243) en met een **groene salade** en **tomaat**, of wat **beetgaar gekookte zeekraal**. Ook lekker met wat zeewiersalade onder de burger.

PIEPKUIKEN UIT DE OVEN MET CITROEN & ROZEMARIJN

VOOR 2 PERSONEN

Verwarm de oven voor op 180 °C. Spoel **1 piepkuiken** even af en dep droog. Bestrooi het vel en de holte met wat **fijn zeezout**. Smelt **100 gram roomboter** in een pan of braadslee met vuurvaste grepen tot de boter bruin is en niet meer bruist. Bak het piepkuiken op hoog vuur snel rondom aan en vul de holte met **1 doorgesneden citroen** en **1 takje rozemarijn**. Zet ca. 50- 60 minuten in het midden van de oven of tot het piepkuiken gaar is. Prik in het dikke deel van het kuiken: als het vocht helder is, is het kuiken gaar. Schep wat van het bakvocht over het kuiken.

KIPBURGER MET GUACAMOLE, AARDAPPEL-COURGETTEKOEKJE & GROENTECHIPS

VOOR 2 PERSONEN

Meng in een kom **200 gram kipgehakt** met ⅓ **gehakte rode peper**, **1 kleine ge-snipperde sjalot** en **2 tenen knoflook** uit de pers. Breng op smaak met **zeezout** en **versgemalen zwarte peper**. Vorm hier twee burgers van. Verhit in een koekenpan 2 eetlepels olijfolie en bak de burgers om en om bruin en gaar in ca. 6-8 minuten, afhankelijk van de dikte. Controleer of de kip door en door gaar is door de burger een klein stukje in te snijden.

Voor de aardappel-courgettekoekjes: rasp **2 middelgrote vastkokende aard-appels**, ½ **courgette** en **1 kleine sjalot**. Doe het mengsel in een zeef, laat dit 5 minuten staan en knijp daarna al het vocht eruit. Klop in een kom **1 ei** en **1 eetlepel aardappelzetmeel** met **zee-zout** en **versgemalen zwarte peper**. Voeg de geraspte massa hieraan toe en schep om. Verdeel dit in 4 kleine of 2 grote koekjes. Verhit **3 eetlepels olijf-olie** in een koekenpan. Bak de koek-jes om en om knapperig en gaar in ca. 7 minuten.

Serveer de burger op een aardap-pel-courgettekoekje met een lekkere schep guacamole (pag. 243) en groen-techips (pag. 304).

RUNDERBURGER MET HUMMUS & ZOETE-AARDAPPELFRIETEN UIT DE OVEN

VOOR 2 BURGERS

Verwarm de oven voor op 180 °C. Snijd **2 middelgrote** (vanbinnen oranje) zoete-aardappels met schil in dikke frieten. Schenk **een sliertje olijfolie** op een bakplaat en bestrooi de frieten met een **beetje zeezout**. Schud de frieten om met **1 eetlepel maïzena**, leg ze in 1 laag op de bakplaat, bestrooi met **een snufje paprikapoeder** en een **snufje kaneel** en zet ze 45-60 minuten in de oven of totdat ze goudbruin en knapperig zijn. Kneed **200 gram ongekruid mager rundergehakt** samen met **½ geklopt ei**, **1 theelepel mosterd**, **2 fijngehakte zongedroogde tomaten op olie**, **1 kleine gesnipperde sjalot**, **een snufje fijn zeezout** en **versgemalen zwarte peper**. Vorm er met vochtige handen twee burgers van. Vet beide kanten licht in met **olijfolie**. Verhit een koekenpan totdat deze gloeiend heet is, leg de burgers in de pan en draai de vlam tot middelhoog. Bak de burgers 1-2 minuten aan elke kant en zet de pan nog even in de hete oven tot de burgers goed doorbakken zijn.

Snijd twee broodjes door en rooster deze kort. Beleg met wat rucola en zongedroogde tomaten, de burgers en plakken avocado. Geef de frieten erbij en nog wat hummus (pag. 243).

SALADE VAN ZOETE EN PAARSE AARDAPPEL, SPINAZIE & GEGRILDE KIPFILET

VOOR 2 PERSONEN

Bestrooi **200 kipfilet** met **fijn zeezout** en **versgemalen zwarte peper**. Verhit een licht ingevette grillpan en gril de kip totdat deze gaar en gebruind is.

Stoom **300 gram parten** (in totaal) **zoete en paarse aardappels** beetgaar en meng met een **handje spinazie**, **handje taugé**, **wat rucola** en **2 eetlepels gemengde geroosterde zaden**, **1 eetlepel amandelsnippers** en **2 eetlepels cashewnoten**. Verdeel over de borden. Snijd de kip in schuine stukken en leg de reepjes op de salade. Breng op smaak met **fijn zeezout**, **versgemalen zwarte peper**, **een sliertje extra vergine olijfolie** en **balsamicoglaze**.

GROENTEN
EN SALADES

KNAPPERIGE EN HÉÉRLIJKE GROENTECHIPS UIT DE OVEN

De lekkerste en gezondste chips maak je zelf in de oven!

Kies stevige groenten uit het seizoen die je lekker vindt. Soorten als **biet**, **zoete aardappel**, **pastinaak**, **pompoen**, **wortel** en **knolselderij** zijn heel geschikt.

Verwarm de oven voor op 180 °C.

Was en boen de groenten en droog ze goed af. Snijd of schaaf ze in zo dun mogelijke plakken. Een koolschaaf met een verstelbaar mes is hier ideaal voor. Laat de schil zitten voor meer smaak en kleur. Leg de plakken groente op keukenpapier en bestrooi ze met een beetje zout. Laat ze een kwartiertje staan en dep ze goed droog. Leg de plakjes naast elkaar – nooit op of over elkaar – op een vel bakpapier op een rooster of bakplaat. Vet ze licht in met een beetje **extra vergine olijfolie**. Olijfoliespray is ideaal, maar de betere keukenwinkel verkoopt ook speciale pompjes. Waarschijnlijk moet je meerdere keren een portie bakken omdat niet alle plakken tegelijk in de oven passen.

Bak de chips in 15-20 minuten in de oven of tot de chips knapperig zijn. De baktijd hangt af van de groente die je gebruikt. Bestrooi ze eventueel met een beetje zeezout, maar pas op met zout, zeker als je zwanger bent. Je hebt nu een heerlijk, kleurig en koolhydraatarm hapje!

VERSE TAGLIERINI MET GESTOOMDE GROENE ASPERGES & KERSTOMAATJES UIT DE OVEN

VOOR 2 PERSONEN

Verwarm de oven voor op 180 °C. Leg **2 takjes kerstomaten** in een ovenschaal en bestrooi deze met een **sliertje extra vergine olijfolie** en **fijn zeezout**. Zet de schaal ca. 20 minuten in de oven om de tomaatjes te poffen. Stoom of kook ondertussen **1 bakje kleine groene asperges** beetgaar. Kook **200 gram verse taglierini** in 2-3 minuten beetgaar in kokend water met een **beetje zout**. Giet af, meng met de asperges en verdeel het geheel over de borden. Garneer met een takje tomaten en **geschaafde Parmigiano Reggiano** en **geroosterde pijnboompitten**. Schenk er **een sliertje smaakvolle extra vergine olijfolie** over en breng op smaak met **fijn zeezout** en **versgemalen zwarte peper**.

SALADE MET GEGRILDE GELE EN RODE BIET, COURGETTE & PISTACHENOTEN

VOOR 2 PERSONEN

Schaaf dunne plakken van **2 gele** en **2 Chioggia-bieten** en **1 kleine courgette** en leg deze kort op de grill. Meng in een kom **30 gram gemengde salade met bietenblad**, **een handje rucola**, **10 gehalveerde cherrytomaatjes**, **1 eetlepel geroosterde pistachenoten**, **1 eetlepel kokoschips** (natuurvoedingswinkel) en **2 eetlepels granaatappelpitjes**. Breng op smaak met **fijn zeezout** en **versgemalen zwarte peper**. Schep om met **60 ml balsamicodressing** (pag. 245).

QUICHE MET PREI, ZONGEDROOGDE TOMAATJES, RODE UI & VERSE KRUIDEN

VOOR 4 PERSONEN – VORM VAN 35 X 10 CM

Verwarm de oven voor op 180 °C. Kneed snel **150 gram harde koude boter** met **225 gram bloem**, **1 ei**, **1 theelepel zout** en **1 eetlepel koud water** tot een bal. Verpak de deegbal in huishoudfolie en laat deze 1 uur rusten in de koelkast. Bestuif je werkblad met bloem en rol het deeg uit. Vet de vorm licht in en bekleed met het deeg. Prik met een vork gaatjes in de bodem. Zet de bodem van de quiche 10 minuten in de oven

Fruit **½ rode ui in ringen**, **1 teen knoflook uit de pers**, **1 kleine prei in ringen** en **½ rode paprika** in een **beetje olijfolie**. Breng op smaak met **fijn zeezout** en **versgemalen zwarte peper**. Laat afkoelen en meng dit met **2 geklopte eieren** en een **klein scheutje melk**. Schep de vulling in de deegbodem en bak de quiche nog eens 30-40 minuten of totdat de vulling gaar is. Deze quiche is zowel warm als op kamertemperatuur erg lekker.

ROMANESCO-BLOEMKOOLSALADE MET BONEN, LINZEN & GRANAATAPPELPITTEN

VOOR 2 PERSONEN

Stoom **400 gram** (in totaal) gemengde groenten, zoals **romanesco**, **bloemkool**, **haricots verts**, **sugar snaps** en **edamame** beetgaar. Verdeel de groenten over de borden en garneer met **1 eetlepel geroosterde pitten** en **zaden** en **een paar lepels gare linzen** en **(mung)bonen**. Meng **3 eetlepels extra vergine olijfolie**, **1 eetlepel versgeperst citroensap** met **½ teen knoflook uit de pers**, **fijn zeezout** en **versgemalen zwarte peper**. Schep de dressing over de lauwwarme groenten en verdeel de salades over de borden.

TIP
Een dergelijke salade kun je met heel veel groenten maken; het is een ideale manier om restjes te verwerken. Je kunt een extra portie maken en bewaren voor je lunch. Met een gegrild stukje vis of een gepocheerd ei maak je er een complete maaltijd van.

GEPOFTE ZOETE AARDAPPEL MET AVOCADO, BIETJES & VINAIGRETTE

VOOR 2 PERSONEN

Verwarm de oven voor op 180 °C. Bestrijk **2 zoete aardappels** met een **beetje olijfolie** en prik ze een paar keer in met een vork. Zet een ovenvaste schaal met de aardappels ongeveer 35-45 minuten in het midden van de oven. Controleer of de aardappels gaar zijn met een houten prikker. Snijd ze in de lengte open en beleg met **een beetje spinazie** en om en om met **1 kleine avocado in plakken** en een flinterdun gesneden **½ biet**. Druppel **1 lepel vinaigrette** (pag. 245) over elke portie en bestrooi met **fijn zeezout** en **versgemalen zwarte peper**.

GEGRILDE POMPOEN MET GEITENKAAS, PECANNOTEN, TIJM & KNOFLOOK

VOOR 2 PERSONEN

Verwarm de oven voor op 180 °C. Bestrijk **6 of 8** – of zoveel als je lekker vindt – mooie dikke **plakken pompoen of flespompoen** met een mengsel van **2 eetlepels extra vergine olijfolie** en **1 teen knoflook** uit de knijper en **de blaadjes van 1 takje tijm**. Bestrooi met **fijn zeezout** en **versgemalen zwarte peper**. Zet de pompoen in een ovenvaste schaal in het midden van de oven tot de pompoen beetgaar is; dit is na ongeveer 45 minuten.

Garneer met **60 gram zachte geitenkaas in stukjes** en een paar **gehakte pecannoten**, een **sliertje extra vergine olijfolie** en **balsamico**.

RISOTTO MET BOSPADDENSTOELEN & BOLETEN

VOOR 2 PERSONEN

Doe **20 gram eekhoorntjesbrood** in een pan met **600 ml kippenbouillon** (of groente- of paddenstoelenbouillon) en breng dit aan de kook. Haal de pan van het vuur. Laat de paddenstoelen 10 minuten weken en hak ze daarna fijn.

Fruit **1 kleine sjalot** in een diepe pan in **2 eetlepels olijfolie** totdat deze zacht en goudbruin is. Voeg **175 gram risottorijst** toe en schep om tot de rijst glanst. Giet hier **½ glas droge witte wijn** bij en laat dit pruttelen totdat al het vocht en de alcohol zijn verdwenen. Doe de gehakte paddenstoelen en 300 ml van de bouillon erbij en kook alles op laag vuur in ca. 20 minuten beetgaar. Voeg het **sap van 1 sinaasappel** en **⅓ takje rozemarijn** toe en telkens wat bouillon om de rijst te garen.

De risotto is goed als de massa eruitziet als een dikke soep. Voeg nog een **klein klontje boter** toe en **1 eetlepel citroensap**. Bak **2 mooie in plakken gesneden boleten** op hoog vuur in een scheutje olijfolie. Leg deze op de risotto en maal er nog wat **zwarte peper** over.

WARME OOSTERSE SPRUITJESSALADE MET SESAMZAAD AMANDEL & SOJA

VOOR 2 PERSONEN

Verhit een wok tot gloeiend heet. Laat **2 eetlepels kokosolie** langs de zijkant van de wok naar beneden lopen. Voeg **200 gram gehalveerde kleine spruitjes** toe. **150 gram boerenspruit** en **60 gram cashewnoten zonder zout**. Roerbak de groenten en noten op hoog vuur tot ze een beetje kleur hebben. Voeg **2 eetlepels sojasaus** (bijv. Kikkoman) toe en **½ eetlepel sesamolie** en bak nog een paar minuten tot de groenten beetgaar zijn. Voeg **1 eetlepel geroosterde sesamzaadjes** toe en **1 lepel gehakte witte amandelen** en schep om. Proef en breng op smaak met wat **versgemalen zwarte peper**. Pas op met zout, want de sojasaus is al zout van smaak.

SALADE VAN ROODLOF, BOSPEENTJES, BIETEN & LINZEN

VOOR 2 PERSONEN

Meng **150 gram beetgare bieten**, **100 gram beetgare bospeen** en **60 gram beetgare linzen** in een kom. Schep om met een dressing van **3 eetlepels extra vergine olijfolie**, **1 eetlepel balsamico-glaze**, **1 teen knoflook** uit de pers en de blaadjes van **2 takjes tijm**. Breng op smaak met **fijn zeezout** en **versgemalen zwarte peper**.

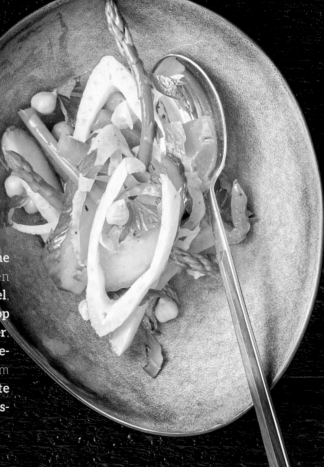

SALADE VAN VENKEL, ASPERGES & KIKKERERWTEN

VOOR 2 PERSONEN

Stoom, gril of kook **100 gram kleine asperges** tot beetgaar. Doe ze in een schaal met **½ dun geschaafde venkel**, **4 uitgelekte zongedroogde tomaten op olie**, een **paar plakken komkommer**, **1 pomodori** in reepjes en **4 eetlepels gekookte kikkererwten**. Schep alles om en breng op smaak met **wat gehakte bladpeterselie** en **60 ml honing-mosterddressing met tijm** (pag. 245).

VIS

SALADE VAN ANSJOVIS MET GEGRILDE COURGETTE, WATERKERS & YOGHURT-SAFFRAANDRESSING

VOOR 2 PERSONEN

Snijd **1 kleine gele en 1 kleine groene courgette** met een kaasschaaf in lange plakken en bestrijk deze met een **beetje olijfolie**. Verhit een grillpan tot heet en gril de courgette. Meng met **30 gram waterkers** zonder harde stelen, **½ dungeschaafde venkel** en **60 ml yoghurt-saffraandressing met sinaasappel** (pag. 244). Breng op smaak met **fijn zeezout** en **versgemalen zwarte peper** en garneer met **ansjovisfilets**.

SINAASAPPEL-VENKEL-SALADE MET MAKREEL & YOGHURT-DILLEDRESSING

VOOR 2 PERSONEN

Meng 1 **dungeschaafde venkel** met **de ontvliesde parten van 2 sinaasappels**, **2 eetlepels granaatappelpitten** en **40 gram waterkers** zonder de harde stelen. Verdeel over de borden, beleg met **200 gram makreelfilet** en schep er een paar lepels **yoghurt-dilledressing** (pag. 244) overheen.

GEMENGDE SALADE MET ZALM, GEGRILDE COURGETTE & VINAIGRETTE

VOOR 2 PERSONEN

Gril dunne plakken van **1 kleine gele** en **1 kleine groene courgette**. Meng met een **handje gemengde salade** en **½ geschaafde venkel**. Breng op smaak met **60 ml vinaigrette** (pag. 245). Verdeel over de borden en garneer met **100 gram gerookte zalm**.

SALADE VAN AVOCADO, GEROOKTE ZALM, MAKREEL & ZEEKRAAL

VOOR 2 PERSONEN

Verdeel over twee borden **2 handjes bietenblad**, **1 avocado in plakken**, **25 gram alfalfa** en **40 gram beetgaar gekookte zeekraal**. Zet op elke salade een metalen ring en vul deze met **150 gram makreelfilet**. Verwijder de ring voorzichtig en beleg met **2 flinke plakken** **gerookte zalm**. Breng op smaak met **fijn zeezout** en **versgemalen zwarte peper**. Druppel **60 ml yoghurt-saffraandressing** (pag. 244) over de salade.

GEGRILDE TONIJN MET ROERGEBAKKEN WILDE SPINAZIE

VOOR 2 PERSONEN

Bestrooi **2 mooie moten verse tonijn van elk 125 gram** met **zeezout** en **versgemalen zwarte peper**. Vet de vis aan beide kanten in met een **beetje olijfolie**. Verhit een grillpan tot gloeiend heet en bak de tonijn snel rondom mooi bruin op hoog vuur. Zet de vlam lager en laat de tonijn langzaam verder garen. Aan de zijkant van de moot kun je zien wanneer het binnenste helemaal gaar is.

Verhit **2 eetlepels olijfolie** en fruit **1 teen gehakte knoflook** heel kort aan. Voeg al omscheppend **50 gram wilde spinazie zonder harde stelen** toe en bak tot de spinazie slinkt.

Serveer de vis mét de spinazie, schenk er nog een **sliertje extra vergine olijfolie** over en maal er nog **wat zwarte peper** overheen.

SPIESJE VAN GEGRILDE COQUILLES, TONIJN EN ZALM MET PARELGORT & ZEEKRAAL

VOOR 2 PERSONEN

Kook **100 gram parelgort** zoals staat aangegeven op de verpakking. Schep om met **50 gram beetgaar gekookte zeekraal, een sliertje extra vergine olijfolie** en de **fijngeraspte schil van ½ citroen**.

Steek om en om aan een spies **3 coquilles van 20 gram, 1 stukje zalm en 1 stukje tonijn van elk 30 gram**. Voor 2 spiesen heb je dus de dubbele hoeveelheid nodig.

Vet de spiesjes licht in met **extra vergine olijfolie**, bestrooi met een **klein beetje fijn zeezout** en **versgemalen zwarte peper** en gril ze om en om in een hete grillpan of contactgrill tot net gaar. Serveer met de gort.

GEBAKKEN ZEEDUIVEL MET TROSTOMAATJES UIT DE OVEN

VOOR 2 PERSONEN

Rooster **2 flinke takken troskerstomaatjes.** Verwarm de oven voor op 220 °C. Bestrooi **2 mooie moten zeeduivel van elk 150–200 gram** met **fijn zeezout**. Zet deze een half uur koud weg. Dep de moten daarna droog en verwijder het zout. Verhit een grote koekenpan met vuurvaste handgreep tot gloeiend heet en schenk er **1 eetlepel olijfolie** in.

Bak de moten ongeveer 2 minuten aan elke kant en zet daarna de vis nog 6-8 minuten in de oven totdat deze net gaar is. Serveer de vis met de trostomaten en eventueel **100 gram beetgare zeekraal**. Breng op smaak met **fijn zeezout** en **versgemalen zwarte peper** en een **sliertje mooie extra vergine olijfolie**.

GEGRILDE
WILDE ZALM

VOOR 2 PERSONEN

Bestrooi **2 mooie moten wilde zalm van elk 150 gram** met **fijn zeezout**. Schenk er aan beide kanten een **mooie sliert olijfolie over**. Verhit een grillpan tot gloeiend heet. Bak de moten tot net gaar, ongeveer 2-3 minuten aan elke kant. Druk de vis niet plat met een spatel. Breng op smaak met **versgemalen zwarte peper** en **een mooie sliert extra vergine olijfolie** en geef er **parten citroen** bij.

PASTASALADE MET ASPERGES, NOTEN & GRANAATAPPELPITJES

VOOR 2 PERSONEN

Kook **150-200 gram (groene) pasta** beetgaar en meng die in een kom met **8 gehalveerde beetgaar gestoomde groene asperges**, **30 gram gemengde salade**, **50 gram beetgare doperwten**, **2 eetlepels geroosterde en gehakte hazelnoten en pistachenoten**, **1 eetlepel kiemen** en **60 ml honing-mosterddressing** (pag. 245). Deze salade is lekker met gegrilde zalm.

DESSERTS

FILOTAARTJE MET YOGHURT, WALNOTEN & ROOD FRUIT

VOOR 1 PERSOON

Maak twee filobakjes volgens de aanwijzingen op pagina 279.

Bak de filobakjes in ca. 10 minuten in de hete oven tot ze knapperig en goudbruin zijn. Klop **4 eetlepels Skyr-yoghurt** op met **6 gehakte walnoten** en een **sliertje honing**. Vul de bakjes met het yoghurtmengsel en garneer met **rood fruit** naar keuze. Bestrooi met een **snufje gemalen kaneel**.

TIP
Skyr is een van oorsprong IJslandse yoghurt die je tegenwoordig in veel supermarkten kunt kopen. Deze yoghurt heeft een hoog eiwitgehalte, waardoor je je langer verzadigd voelt.

TIP

Je kunt deze filobakjes met van alles vullen: een fruitsalade of met een hartige vulling, zoals een kleine salade. De bakjes kun je een dag van tevoren maken en luchtdicht bewaren. Zet ze voor gebruik heel even in een hete oven.

KOKOSCAKEJES

voor het chocoladebeslag:

6 eieren, gesplitst
6 eetlepels rietsuikers
3 eetlepels zonnebloemolie
2-3 eetlepels cacaopoeder
met een hoog cacaogehalte
5 flinke eetlepels zelfrijzend
bakmeel
1 zakje bakpoeder
bakpapier

Verwarm de oven voor op 180 °C. Klop het eiwit stijf in een schone, vetvrije kom met een snufje zout. Klop het eigeel in een andere kom op met de suiker en de olie tot een lichtgeel en schuimig mengsel. Zeef de cacao, het bakmeel en de bakpoeder boven het eimengsel en meng dit met een garde tot een egaal

beslag. Voeg het eiwit toe en spatel dit voorzichtig door het beslag.

Vet de vorm in en bekleed met bakpapier. Giet het beslag in de vorm en bak de cake in 20 minuten gaar in de voorverwarmde oven of tot een prikker er droog uitkomt. Laat de cake in de vorm afkoelen, haal uit de vorm en halveer hem voorzichtig in de breedte, zodat je twee gelijke lagen hebt.

voor de vulling van kokoscrème:

800 ml volle melk
125 gram fijne tafelsuiker
1 zakje vanillesuiker
200 gram geraspt kokos
16 afgestreken eetlepels griesmeel
50 gram roomboter

Breng de melk in een grote pan met de suikers aan de kook. Draai de vlam laag, voeg het griesmeel toe en kook tot de massa indikt en gaar en gebonden is. Haal de pan van het vuur, voeg het kokos toe en roer met een garde tot een egale massa. Voeg de boter toe en roer het geheel door zodra de boter gesmolten is.

Leg 1 laag van de cake terug in de bakvorm. Verdeel de kokoscrème hierover. Leg de tweede laag erop en druk voorzichtig aan. Zet de vorm in de koelkast tot de vulling helemaal koud is.

voor het glazuur:

125 gram pure chocola met een hoog cacaogehalte, bijvoorbeeld 85%
3 eetlepels water
50 gram boter

Doe alle ingrediënten in een pannetje en laat alles op een laag vuur of au bain-marie (in een klein pannetje boven op een grotere pan met kokend water) smelten. Verdeel het glazuur over de cake. Zet de vorm in de koelkast. Dek de cake niet af, dan ontstaat er condens die de chocolade aantast.

Snijd de cake in stukjes. Doop een scherp mes in heet water zodat de chocolade niet breekt.

Deze cake kan heel goed ingevroren worden. Doe het gebak in diepvriesdozen en vries het meteen in. Haal het twee uur voor het serveren uit de diepvries en leg de stukjes op een mooie schaal.

BOSVRUCHTENTAART

VOOR 8-10 PORTIES — VORM VAN 24 CM

voor het deeg:

1 portie biscuitbeslag (zie appeltaart,
pag. 348)
boter of bakspray om de vorm in te vetten

voor de taart:

150 gram gemengde bosvruchten:
frambozen, bosbessen en bramen
extra bosvruchten of poedersuiker om
te garneren
1 eetlepel maïzena
1 citroen, de fijne rasp van de schil
zonder het wit

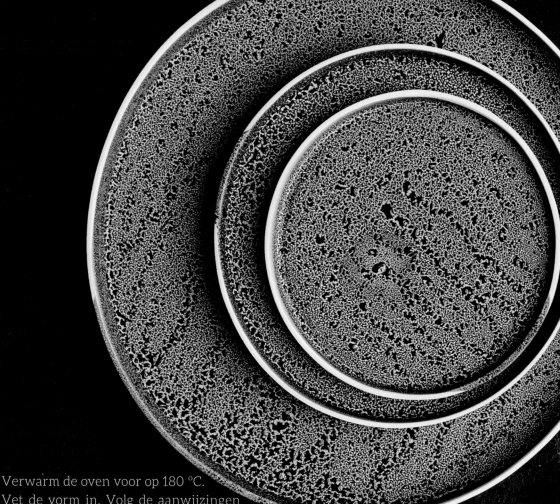

Verwarm de oven voor op 180 °C.
Vet de vorm in. Volg de aanwijzingen voor het biscuitbeslag van de appeltaart. Giet het beslag in de vorm. Meng de vruchten met de maïzena en citroenrasp. Verdeel de vruchtjes over het beslag. Door hun gewicht zullen ze iets zakken.
Bak de taart in ca. 30 minuten in het midden van de voorverwarmde oven gaar of tot een prikker er droog uitkomt. Laat de taart in de vorm afkoelen en verwijder dan meteen de ring van de bakvorm. Serveer de taart meteen.

Taarten op basis van biscuitdeeg kun je heel goed invriezen. Snijd de taart in stukken en leg deze in diepvriesdozen.

Of doe de taart in zijn geheel in een grote doos en zet deze in de vriezer. Haal de taart ongeveer twee á drie uur voor het serveren uit de vriezer en zet hem op een mooie schaal.

Door de vruchten met maïzena om te scheppen, zakken ze niet tot de bodem van de taart en wordt het vocht dat eventueel vrijkomt iets gebonden.

BANANENCAKE

VOOR 12-14 STUKJES
RECHTHOEKIGE VORM VAN 33 X 23 CM

1 portie chocoladebeslag van de kokos-cake op pagina 342, gebakken en gehalveerd zoals voor de kokoscake beschreven.

voor de vulling met banaan:

4 blaadjes witte gelatine
500 ml volle melk
1 pakje chocoladepudding om te koken
125 ml slagroom

3-4 rijpe bananen, in de lengte gehalveerd

2-3 eetlepels van een friszure licht-gekleurde jam, bijvoorbeeld kiwi of ananas

1 portie chocoladeglazuur van de kokoscake

Week de blaadjes gelatine 10 minuten in koud water.

Volg voor het maken van de chocoladepudding de aanwijzingen op de verpakking.

Knijp de gelatine uit en voeg toe aan de hete pudding. Roer goed door met een garde totdat de gelatine is opgelost.

Zet de pudding weg om af te koelen tot deze nog net vloeibaar is.

Klop de slagroom (dus zonder suiker!) stijf en spatel door de pudding.

Leg 1 laag van de cake terug in de vorm en bestrijk deze met de jam. Halveer de banaan in de lengte. Beleg de cake in de lengterichting met de halve bananen. Verdeel de vulling over de vorm, dek af met een tweede laag cake en druk voorzichtig aan. Zet de taart zonder af te dekken in de koelkast tot deze helemaal opgesteven is.

Maak het glazuur zoals beschreven staat bij de kokoscake en verdeel het over de cake. Laat de cake afkoelen en zet hem een nacht in de koelkast zodat het glazuur goed kan opstijven.

Snijd de cake in de breedte in stukjes. Doop een scherp mes in heet water zodat de chocolade niet breekt. Ook deze cake kan heel goed worden ingevroren. Volg de aanwijzingen zoals die beschreven staan op pagina 343.

APPELTAART

VOOR 8-10 PORTIES
SPRINGVORM VAN 24 CM

biscuitdeeg:

3 eieren, gesplitst
180 gram rietsuiker
1 zakje vanillesuiker
3 eetlepels zonnebloemolie
3 eetlepels koud water
180 zelfrijzend bakmeel
1 zakje bakpoeder
snufje zout

voor de appels:

2 grote Elstar-appels, geschild en van klok
    huis ontdaan
1 theelepel gemalen kaneel
boter of bakspray om de vorm in te vetten

Verwarm de oven voor op 180 °C.
Klop het eiwit op in een schone, vetvrije kom met een snufje zout stijf. Klop het eigeel in een andere kom op met de suiker, het water en de olie totdat het mengsel lichtgeel en schuimig is. Zeef het bakmeel en bakpoeder boven het eimengsel en meng dit met een garde goed door tot een egaal beslag. Voeg het eiwit toe en spatel dit voorzichtig door het beslag.
Halveer de appels en snijd elke helft in 4 parten. Doe ze in een kom en schep ze om met de kaneel.

vorm. Verdeel de appels in een krans over het beslag.

Zet de taart ca. 30 minuten in het midden van de voorverwarmde oven of totdat een houten prikker er droog uit komt.

Laat de taart in de vorm afkoelen en verwijder dan de rand van de vorm.

Deze taart kun je meteen serveren, maar ook heel goed invriezen. Haal de taart dan uit de vorm, snijd hem in stukken en doe deze in een diepvriesdoos. Haal de taart een uur of twee van tevoren uit de vriezer en leg de stukken taart op een mooie schaal.

MOKKA-PERENTAART
MET PECANNOTEN

VOOR 10-12 STUKKEN
SPRINGVORM VAN 24 CM

voor het deeg:

4 eieren
200 gram roomboter op
    kamertemperatuur
150 gram rietsuiker
2 eetlepels oploskoffie
1 zakje vanillesuiker
200 gram zelfrijzend bakmeel
1 zakje bakpoeder
snufje zout

voor de vulling:

3 rijpe peren
60 gram pecannoten
bakpapier voor de vorm

Verwarm de oven voor op 180 °C.
Roer de boter in een kom tot deze zacht
is. Voeg de suiker, oploskoffie en vanillesuiker toe en klop met een handmixer
tot het een zacht en romig geheel is.
Splits de eieren een voor een. Doe de eiwitten in een vetvrije kom en voeg de
eidooiers toe aan de botermassa. Zeef
het bakmeel en bakpoeder boven de
kom met de botermassa en klop met de
handmixer tot een egaal beslag. Klop de
eiwitten stijf met een snufje zout. Spatel
de eiwitten voorzichtig door het beslag.
Schil en halveer de peren en verwijder
de klokhuizen.

Bekleed de hele vorm met bakpapier.
Giet het beslag in de vorm. Zet de gehalveerde peren rechtop in het beslag. Je
kunt de taart ook in een andere vorm,
bijvoorbeeld een cakeblik, bakken en de
peren in het beslag leggen voor een ander effect.
Verdeel de pecannoten over de taart.
Bak de taart in 50 minuten gaar in het
midden van de oven, of tot een houten
prikker er droog uit komt. Open na een
half uur de oven en kijk of de taart niet
te bruin wordt. Dek de taart anders af
met een stukje aluminiumfolie.

DANKWOORD

Amsterdam, oktober 2016

Dat het maken van een boek enorme inspanning vergt, wist ik natuurlijk al door mijn eerste boek, Echt Radmilo. Over dit tweede boek kan ik rustig zeggen dat het een fikse bevalling was, maar dat het resultaat er mag zijn! Het is op het gebied van zwangerschap en herstel na de bevalling een heel vernieuwend boek geworden door de invalshoek waarbij kennis en ervaring worden gecombineerd met oefeningen en recepten. Ik hoop en verwacht dat het voor veel vrouwen een leuk en vooral heel bruikbaar boek zal zijn.

Ik wil een aantal mensen bedanken voor het boek dat hier nu ligt.

In de eerste plaats mijn lieve vrouw Luz. Met haar heldere kijk en altijd eerlijke en kritische blik helpt zij mij op een ongelooflijk constructieve manier. En dan mijn kinderen Luca, Laura en Bruno. Het viel voor mijn gezin niet mee als ik weer eens geen tijd had omdat ik druk bezig was met het boek. Ik ben mijn vrouw en kinderen ontzettend dankbaar voor het feit dat zij mij door dik en dun hebben gesteund en nog steeds steunen.

Vervolgens dank ik Marieke Wildeman, de zeer ervaren verloskundige die mij geholpen heeft om de tekst van deel 1 te schrijven. Vanwege haar enorme hoeveelheid kennis was zij van onschatbare waarde voor het maken van de juiste keuzes van de onderwerpen. Als geen ander weet zij van haar eigen praktijk wat vrouwen belangrijk vinden en wat hen interesseert.

Ook dank aan Elske Sorel, een van mijn gewaardeerde trainers bij Soda Bodyfit. Wij mochten haar een heel jaar volgen tijdens de zwangerschap van haar tweede kind en daarna. Zij heeft mij bovendien ondersteund bij het schrijven van deel 2, het trainingsgedeelte.

Voor de prachtige foto's moet ik drie fotografen bedanken:

Guus Schoth en zijn vriendin Merce, die voor de styling heeft gezorgd. Zij zijn met ons op reis geweest naar Portugal en hebben daar de workouts werkelijk prachtig gefotografeerd.

Rinze Vegelien heeft samen met styliste Regina Mol mijn recepten op een subtiele – en verrassend andere – manier gefotografeerd, die heel goed bij dit onderwerp past.

Ester Gebuis, onze oude en dierbare vriendin, heeft Elske prachtig gefotografeerd voor de 'back in shape'-workouts.

Paola Pompili wil ik bedanken voor haar mooie ontwerp en vormgeving van het boek.

Evelin Bundur voor haar prachtige illustraties.

Sophie Dassen voor haar inspanningen om alle teksten te editen.

Joyce Huisman en haar gezin voor haar steun, eindeloze beschikbaarheid, hulp, advies en voor alles wat zij voor mij doet. Zij is een dierbare vriendin die altijd een plekje in mijn hart heeft. Boer Eekma dank voor de heerlijke groenten die hij 's morgens voor ons uit zijn moestuin haalde. Mijn lieve en briljante zus Sandra Soda, die niet alleen ongelooflijk goed kan koken maar ook heel creatief is, dank ik voor al haar hulp bij het fotograferen van de recepten en haar heerlijke taartrecepten.

En natuurlijk mijn fantastische Soda Bodyfit-team! Zij hebben mij alle ruimte gegeven om aan dit boek te werken en dat was niet gering. Daarnaast wil ik mijn klanten bedanken die zo hebben meegeleefd en vriend Marco Jungschlager die op alle mogelijke manieren heeft meegeholpen.

Er zijn vast mensen die ik vergeten ben om hier te vermelden. Zoveel mensen hebben mij gesteund en aangemoedigd om weer een droom, mijn tweede boek, te realiseren. Het was bijzonder en vooral hartverwarmend. Daarvoor heel veel dank!

INDEX